LE
PROBLÈME DE L'ARGENT

ET

L'ÉTALON D'OR

AU MEXIQUE

PAR

Eugène VIOLLET

Docteur en droit

PARIS (5°)

V. GIARD & E. BRIÈRE

LIBRAIRES-ÉDITEURS

16, RUE SOUFFLOT ET 12, RUE TOULLIER

1907

LE PROBLÈME DE L'ARGENT

ET

L'ÉTALON D'OR AU MEXIQUE

LE
PROBLÈME DE L'ARGENT

ET

L'ÉTALON D'OR
AU MEXIQUE

PAR

Eugène VIOLLET

Docteur en droit

———————

PARIS (5ᵉ)

V. GIARD & E. BRIÈRE

LIBRAIRES-ÉDITEURS

16, RUE SOUFFLOT ET 12, RUE TOULLIER

1907

PRÉFACE

Pour qui veut traiter un sujet d'actualité comme celui dont nous avons entrepris l'étude, il est une difficulté qui prime toutes les autres : c'est celle de la documentation.

Quand il s'agit de coordonner, d'analyser des faits qui viennent à peine de voir le jour, qui sont des manifestations actuelles de la vie économique et dont les conséquences n'ont pas eu encore le temps de se produire, l'investigation se bute à des obstacles qu'on ne rencontre pas dans l'étude d'un sujet dont le temps a déjà creusé plus profondément les traits, dont les contours sont mieux définis.

Réduit à nos seules forces, il nous eût été impossible d'éviter cet écueil et de contrôler les renseignements puisés au hasard des lectures de revues financières et économiques; mais, par une heureuse fortune, nous avons trouvé, à chaque difficulté nouvelle, une aide nouvelle pour nous tirer d'embarras.

C'est donc un devoir pour nous, devoir dont nous nous acquittons avec joie, que d'adresser, au seuil de cette étude, nos remerciements sincères et l'expression de notre reconnais-

Viollet.   1

sance, à toutes les personnes qui, soit en nous facilitant l'accès des documents officiels, soit en nous éclairant de leurs précieux avis, ont rendu notre tâche singulièrement moins lourde.

Qu'il nous soit permis de remercier plus particulièrement :
MM. :
Fernand Faure ;
Arnauné ;
Conty ;
Maurice Lewandowski ;
Georges Labrousse ;
Eugène Boudet ;
André E. Sayons ;
Maurice Watel.

EUGÈNE VIOLLET.

LE PROBLÈME DE L'ARGENT

ET

L'ÉTALON D'OR AU MEXIQUE

INTRODUCTION

Généralités sur la monnaie. — Aperçu de l'évolution monétaire dans le monde depuis cinquante ans. — Théorie d'une réforme monétaire. — Division du sujet.

Nous assistons, depuis un demi-siècle, à une rivalité, à une lutte entre les partisans des deux métaux que les hommes avaient, pendant des centaines d'années, considérés comme également aptes à remplir le rôle de monnaie ; et cette lutte, pour être née subitement, n'en a pas été moins vive ni moins passionnée ; elle semble aujourd'hui près de finir par la défaite définitive de l'argent, réduit désormais au rôle de monnaie de billon, avec force libératoire limitée.

L'or et l'argent continuent tous deux, il est vrai, à jouer le rôle d'instrument d'échange, mais l'or demeure presque partout le seul à remplir l'autre rôle de la monnaie : c'est-à-dire la mesure de la valeur.

Si, en effet, il est utile et logique que plusieurs métaux précieux concourent ensemble à assurer le règlement des transactions, parce que ces transactions, étant d'amplitudes diverses, nécessitent des instruments d'échange de puissances diverses, de divisibilité plus ou moins grande, il semble peu rationnel, en revanche, d'admettre différentes matières précieuses à remplir l'office d'étalon de la valeur. La mesure des valeurs, comme celle des longueurs, nécessite une seule unité, invariable dans le temps et dans l'espace; mais si ce *desideratum* a été à peu près réalisé pour les longueurs, qui existent en dehors de nous et sont des qualités purement physiques des corps, il n'en est pas de même pour les valeurs dont l'homme est le principal facteur.

Non seulement la valeur n'a jamais eu, et n'aura vraisemblablement jamais, d'étalon fixe, invariable, mais elle a eu longtemps, elle a encore, dans certains pays, deux étalons, deux unités de mesure, dont les fluctuations s'ajoutant ou se retranchant compliquent le problème de l'évaluation.

Le but de cette étude n'est pas de suivre dans son ensemble l'évolution monétaire qui s'est accomplie dans un espace de temps relativement court au sein des principaux États, les faisant passer du bimétallisme au monométallisme or, mais bien d'en marquer seulement la dernière étape, qui semble consacrer irrémédiablement la défaite de l'argent.

En effet, pour qu'un pays comme le Mexique, grand pourvoyeur d'argent du monde entier, dont tout l'essor économique reposait jusqu'ici sur l'industrie minière, se soit décidé à opérer dans son propre sein la réforme qu'il avait vue à regret s'accomplir dans les autres pays parce qu'elle constituait pour son industrie maîtresse une grave menace, il faut admettre que la cause de l'argent était bien perdue et que tout espoir était évanoui de voir un revirement se produire à la faveur de quelque entente internationale.

L'adoption de l'étalon d'or au Mexique n'est donc pas un simple incident monétaire n'ayant pour intérêt que d'allonger la liste déjà longue des pays monométallistes, c'est comme l'aveu de l'impuissance de l'argent prononcé par son défenseur le plus intéressé. Une telle réforme mérite donc une attention toute spéciale et un examen approfondi. Mais, auparavant, il n'est pas inutile de retracer à grands traits l'histoire monétaire de ces cinquante dernières années.

Elle nous permettra de nous rendre compte de la situation de plus en plus fâcheuse faite aux pays producteurs d'argent et à ceux ayant une forte circulation d'argent.

Nous verrons que chaque pas fait vers le monométallisme or leur infligeait un malaise et une souffrance de plus ; et, connaissant mieux les antécédents, nous pourrons mieux nous persuader de l'opportunité ou de la nécessité de la réforme mexicaine.

Les questions monétaires sont de leur nature trop internationales, pour qu'il soit possible d'apprécier un système monétaire à l'état isolé, sans essayer de découvrir ses attaches, ses relations avec les systèmes voisins.

★
★ ★

Comme nous le disions tout à l'heure, la lutte entre l'or et l'argent ne remonte pas loin : pendant des siècles le bimétallisme, malgré son défaut de logique, ou même le monométallisme argent ont été les régimes de la plupart des grands Etats ; le monométallisme or n'a fait son apparition qu'en 1816 en Angleterre, bientôt suivie par le Portugal.

En 1865, est signée la première convention monétaire, sous le nom d'Union Latine entre la France, l'Italie, la Belgique et la Suisse (1).

Loin de marquer le début du discrédit de l'argent, elle pose sur de larges bases le régime du bimétallisme, qu'une légère prime de l'argent présentait comme un régime durable.

Depuis la deuxième moitié du xvii° siècle, la valeur relative des deux métaux n'avait pas varié dans un sens ou dans l'autre de plus de 2 ou 3 0/0, et le rapport d'équivalence de 1 gramme d'or pour 15 grammes et demi d'argent, établi par la loi de germinal an XI, restait sensiblement égal au rapport commercial.

Mais à partir de 1870, la découverte de nouveaux gisements d'argent bouleversèrent le marché des métaux précieux (2).

(1) La Grèce n'adhéra à l'Union qu'en 1876.
(2) Le célèbre filon de Comstock, dans l'Etat de Névada, commença à être exploité à cette date ; un peu plus tard, on mit en exploitation un autre filon plus riche dans les mines de Californie, Virginia-Ophir; la production fut encore augmentée dans d'énormes proportions par la découverte des mines du Colorado.

L'argent commença à descendre la pente qui devait aboutir à sa déchéance actuelle.

En 1870, l'*once standard* (équivalant à 31 grammes environ, au titre de 0,925) était encore cotée sur le marché de Londres : 60 *pence* 9/16 ; en 1873, elle tombe à 59 *pence* 3/16 ; en 1875, elle est à 56 *pence* 11/16. Le rapport commercial des deux métaux se détache définitivement du vieux rapport légal 15,5 ; en 1873, il est de 16 ; en 1875, il atteint 16,5. Devant cette dépréciation rapide de l'argent, l'attitude des États fut différente sui .. qu'ils étaient plus ou moins atteints.

Les pays producteurs d'argent et ceux qui possédaient un important stock d'argent dans leur circulation monétaire restèrent dans l'expectative, espérant que l'argent regagnerait bientôt ses cours antérieurs.

Au contraire, les pays dont les intérêts étaient moins étroitement liés aux destinées de l'argent n'eurent pas tant de scrupules à accomplir la réforme que rendait nécessaire le nouvel état de choses.

Ce fut l'Allemagne qui ouvrit l'ère des révolutions monétaires ; depuis 1871, elle se préoccupait d'unifier sa circulation métallique qui ne comptait pas moins de huit types différents, et quand elle eut reçu l'énorme stock d'or qui représentait les 5 milliards stipulés dans le traité de Francfort comme indemnité de guerre, elle saisit cette occasion pour adopter l'étalon d'or. C'est en 1873 que commença la démonétisation des thalers ; elle ne fut achevée qu'en 1900.

L'exemple de l'Allemagne fut bientôt suivi par la Finlande et les États scandinaves (Suède, Norvège, Danemark).

La conséquence de ces réformes fut d'accélérer encore la baisse du métal argent et de rendre plus nécessaire l'abandon du bimétallisme : l'Allemagne et les autres États, pour accomplir leurs réformes, durent se défaire de stocks considérables d'argent. Ils profitèrent pour les écouler de ce que les Hôtels des monnaies étaient restés ouverts à la frappe de l'argent dans les pays bimétallistes. Ils échangeaient ainsi leur argent contre de l'or suivant le rapport de 1 à 15,5, alors que le rapport commercial était déjà de 16,5 ou de 17. Il résulta de ces opérations une situation très difficile pour les États de l'Union Latine et particulièrement pour la France et la Belgique qui virent s'enfuir, en quelques mois, une forte portion de leur stock d'or, remplacé dans la circulation par le métal déprécié. L'Union Latine dut élever une digue pour arrêter ce double courant qui menaçait de rompre l'équilibre qu'elle avait érigé en système : des conférences monétaires, tenues en 1874, 1875, 1876, limitèrent à 120 millions pour tous les États signataires, la frappe des pièces de 5 francs. Chacun des États, allant encore plus loin, s'interdit à lui-même, d'une façon complète, la frappe de ces pièces.

Un grand coup avait été ainsi porté au bimétallisme. Les événements avaient été plus forts que l'union de quatre États. Dès lors la crise se précipita : la démonétisation de l'argent provoqua une baisse rapide de ce métal et les réformes se succédèrent rapidement : l'Australie, le Canada, l'Égypte, le Brésil devinrent monométallistes or ; l'Autriche-Hongrie et la Russie arrêtèrent la frappe de l'argent.

Tant que l'Union Latine avait laissé ses Hôtels des monnaies

ouverts à la frappe, les régimes les plus variés avaient pu co-
exister : l'Union — et particulièrement la France — servait
d'intermédiaire entre les pays à étalon d'or et les pays à étalon d'argent ; grâce à la frappe simultanée des deux métaux,
on était sûr de pouvoir toujours obtenir la monnaie dont on
avait besoin suivant le rapport 1 à 15,5 ; et on peut affirmer,
à ce point de vue, que le vieux rapport légal français n'a pas
été sans influence sur le rapport commercial. Avec la fermeture des Hôtels des monnaies des principaux Etats d'Europe,
l'argent-lingot, n'ayant plus d'appui artificiel, subit, comme
toute autre marchandise, les fluctuations de l'offre et de la de
mande.

Si la baisse de l'argent provoqua en Europe une perturbation profonde, ses effets sur le nouveau continent furent encore plus violents, et la crise qu'elle y suscita ne prit fin
qu'après de nombreux incidents.

Les Etats-Unis qui, à eux seuls, fournissent près de la moitié de la production totale de l'argent, subirent à la fois une
crise économique et une crise monétaire.

En 1873, au moment où la baisse de l'argent commença,
le crédit de l'Etat fédéral était fort compromis : la guerre de
sécession avait provoqué des émissions exagérées de *green-
backs* ou papier-monnaie ; si bien que, pour raffermir le crédit de l'Etat, on vota un nouveau code monétaire qui assai-
nissait la circulation fiduciaire et établissait subrepticement
l'étalon d'or.

Cette mesure, d'abord inaperçue du public, provoqua bientôt une agitation considérable. Après une lutte passionnée, le

Bland bill fut voté, qui restaurait l'argent dans son caractère de monnaie légale et autorisait le gouvernement à en frapper 2 millions de dollars par mois.

Mais les silvermen alliés aux *inflationnistes* (partisans du papier-monnaie) voulaient plus encore. Après deux essais de conférence internationale, ils n'attendirent plus le salut que d'une réforme intérieure et n'eurent de cesse qu'elle leur eût été accordée par le Sénat. Après plusieurs tentatives infructueuses, une majorité se trouva pour voter le Shermann act du 14 juillet 1890, qui accentuait la réforme argentiste du Bland bill. D'après cette loi, le Secrétaire du Trésor devait acheter chaque mois 4.500.000 onces d'argent, au prix du marché, tant que ce prix serait inférieur à 129 cents l'*once standard*.

Pas plus que la première, cette mesure ne réussit à relever le cours de l'argent.

Les argentistes reprirent encore une fois l'initiative d'une conférence internationale qui se réunit à Bruxelles en 1892.

Le moment semblait propice pour une entente : l'Union Latine touchait à son terme et le renouvellement des conventions apparaissait aux bimétallistes comme une occasion favorable pour faire triompher leurs idées. Les questions monétaires qui, tout d'abord, avaient trouvé le public européen et particulièrement le public français très indifférents, étaient entrées peu à peu dans ses préoccupations.

La classe agricole surtout était tentée de voir dans la suppression de la frappe de l'argent la cause de la baisse des prix. Des ligues s'étaient créées un peu partout pour essayer de

susciter un mouvement favorable à l'argent. En Angleterre,
vers 1886, s'était créée, à Manchester, la *Ligue de l'or et de
l'argent*, qui avait surtout pour objectif de faciliter, par le rétablissement du bimétallisme sur le continent, les relations
commerciales de l'Angleterre avec l'Inde et les pays à étalon
d'argent. En Allemagne, la réforme monétaire de 1873 n'avait
pas été sans rencontrer de l'opposition : Le parti conservateur
et agrarien soutenait, non sans raison, que c'était la vente des
stocks d'argent occasionnée par la réforme qui avait amené la
fermeture des Hôtels des monnaies de l'Union Latine et, par
suite, avait précipité le cours de l'argent au détriment des intérêts allemands. Arendt se fit le théoricien et le défenseur du
bimétallisme (1); l'*Union bimétallique allemande* fut créée et
coordonna ses efforts avec ceux de la ligue de Manchester pour
obtenir une entente internationale.

En France, au lendemain de la suspension de la frappe, le
parti bimétalliste avait eu des représentants de valeur tels que
MM. Cernuschi, Magnin et de Soubeyran, mais la question ne
commença à préoccuper l'opinion que lorsque la *Société des
agriculteurs de France* se fut transformée, vers 1885, en un
foyer de propagande argentiste. En 1887, elle émet un vœu
pour l'adoption, par les différents Etats, d'un rapport fixe
entre l'or et l'argent, en 1890, elle met au concours : « un
mémoire sur la question monétaire dans ses rapports avec les
intérêts de l'Agriculture ». Enfin, en 1892, elle agit puissamment auprès du gouvernement pour qu'il accepte l'invitation

(1) Bimétallisme conventionnel, 1880.

faite par les Etats-Unis, de prendre part à une conférence internationale.

On le voit, le moment semblait bien choisi pour rouvrir les débats et convier l'Europe à une consultation sur le problème de l'argent.

Les Etats-Unis pouvaient compter sur la bienveillance de l'Angleterre et de l'Allemagne, qui leur avait manqué en 1878 et en 1881. D'ailleurs, les échecs précédents leur avaient fait comprendre la nécessité de restreindre le programme de la conférence : ils ne demandaient plus l'établissement d'un bimétallisme international, mais se bornaient à proposer à la conférence de rechercher les moyens par lesquels il serait possible d'augmenter l'emploi de l'argent et, par suite, de donner plus de fermeté et plus de fixité à ses cours.

La réponse des Puissances, d'abord équivoque, devint nettement négative, quand le délégué anglais eut catégoriquement refusé, au nom de son Gouvernement, d'accéder à toute proposition qui tendrait à soutenir artificiellement les cours de l'argent. Dès lors, la conférence était vouée au même sort que les précédentes.

D'ailleurs l'Angleterre, avant de se rendre à la Conférence, avait ouvert des débats importants sur la question monétaire aux Indes ; par courtoisie internationale et peut-être aussi dans l'espoir de voir aboutir une entente entre les Puissances continentales, les débats avaient été interrompus à l'ouverture de la conférence de Bruxelles. Ils furent repris quand celle-ci eut échoué et le 26 juin 1893, la Chambre des Communes apprenait la suspension de la frappe libre dans l'Inde.

C'est là un des événements capitaux de l'histoire de l'argent ; depuis des siècles, l'argent prend, en stocks énormes, le chemin de l'Orient qui est comme le réceptacle d'une forte portion de la production annuelle. Dès lors, en interdisant la frappe de la *roupie* aux Indes, l'Angleterre fermait à l'argent son débouché naturel : il en résulta une chute brusque des cours, l'once *standard* qui, en 1892, cotait à Londres 39 pence 3/4, tombait, en 1894, à 28 pence 15/16, accusant ainsi une perte de 27 0/0. Cette baisse formidable provoqua partout une perturbation douloureuse qui, aux États-Unis, prit les proportions d'un cataclysme économique et financier. Le crédit de l'État, qui reposait sur l'accumulation de stocks d'argent, subit un choc violent dont les répercussions ne se firent pas attendre : en huit mois, on enregistra dix mille faillites.

Le gouvernement, qui, ainsi que nous l'avons vu, avait à ce moment à sa tête un monométalliste convaincu, profita du désarroi pour faire voter par le Congrès l'abrogation du Shermann act : c'était un fait accompli en novembre 1893.

La réforme avait été arrachée au Congrès par surprise, et les silvermen qui s'y trouvaient encore en majorité cherchèrent vite à reprendre leur revanche. La lutte se concentra autour de l'élection présidentielle qui devait avoir lieu en automne 1896. Elle fut si vive qu'elle est restée célèbre sous le nom de *battle of standards*.

La victoire resta aux républicains dans la personne de Mac Kinley. La cause de l'argent était perdue ; on tenta cependant encore une fois un accord et M. Wolcott fut envoyé dans ce

but en Europe ; ses démarches restèrent vaines. Cet échec ne
fit que renforcer les tendances monométallistes du gouvernement américain qui déposa bientôt un projet de loi établissant l'étalon d'or. La réforme fut votée le 14 mars 1900 ; elle
fut accueillie sans difficulté et les démocrates eux-mêmes, lors
de l'élection présidentielle de 1904, abandonnèrent la lutte
en portant leurs voix sur un candidat partisan de l'étalon
d'or (1).

L'échec de la dernière tentative bimétalliste des Etats-Unis
ne fut probablement pas sans influence sur la détermination
du Japon d'imiter l'exemple de l'Inde, et de stabiliser le *yen*
en adoptant l'étalon d'or. Cette réforme, qu'il accomplit le
12 mars 1897, doit être considérée comme une des phases
les plus importantes de l'évolution monétaire, parce qu'elle
prouve que même les pays les plus fidèles à l'argent, se voient
tôt ou tard dans l'obligation de rompre avec leur tradition,
s'ils veulent marcher de pair avec les pays les plus civi-
lisés (2).

Pour compléter cet aperçu de la politique monétaire, il
nous faudrait citer encore bien des Etats, bien des colonies
où l'argent a dû céder la place à l'or (3). Mais nous pouvons
nous en tenir aux grandes lignes pour envisager dans son en-

(1) Sur la politique monétaire en Amérique et en Europe, voir :
La politique monétaire des pays producteurs d'argent, et les cam-
pagnes bimétallistes en Europe, par René Lafarge (Extrait des
Questions monétaires contemporaines, Paris, 1905).

(2) Voir *Revue d'Economie politique*, année 1897 : *L'Etalon d'or au
Japon*, par M. Bourguin.

(3) En Extrême-Orient, les Détroits, les Philippines, le Siam ont
adopté l'étalon d'or.

semble le bouleversement occasionné dans le monde par la baisse continue du métal argent (1).

Les réformes successives de l'Allemagne, de l'Union Latine, des Indes, du Japon, des Etats-Unis sont venues chaque fois resserrer le domaine de l'argent, et ce faisant, elles ont isolé chaque fois davantage les pays qui restaient fidèles au métal déprécié. Pour ces derniers pays, chaque pas nouveau fait dans le monde vers l'or, était la cause d'une double souffrance : d'abord un mal intrinsèque, causé par la dépréciation subite et souvent considérable du métal (2), et ensuite un mal indirect résultant du resserrement des relations commerciales de ces pays avec des pays de même étalon.

Nous verrons, au cours de ce travail, quelles furent, au Mexique, les manifestations de ces deux causes perturbatrices ; comment on a pu à la fois les considérer comme favorables et comme défavorables au développement économique du Mexique, comment on a cherché à les entraver, comment on y a réussi. Mais auparavant, et pour mieux saisir les conséquences *in concreto* de la baisse de l'argent, il n'est pas inutile de dresser un schéma théorique des causes et des effets d'une circulation monétaire dépréciée et des divers procédés

(1) La baisse de l'argent fut, de 1875 à 1905, de 60 0/0 ; soit, en tenant compte de la composition des moins-values, une baisse moyenne annuelle de 3 0/0.

(2) Chaque réforme fut marquée par un effondrement des cours. La fermeture des Hôtels des monnaies, de l'Union Latine, amène une baisse de 7 0/0, celle des Indes une baisse de 27 0/0, celle du Japon une baisse de 10 0/0 ; celle des Etats-Unis une baisse de 15 0/0.

grâce auxquels on peut, sinon rendre à la monnaie ses qualités antérieures, du moins empêcher son plus grand avilisse-
ment, la figer pour ainsi dire dans l'état où l'ont placée les
circonstances économiques.

*
* *

Les questions monétaires sont, parmi les questions économiques, celles qui semblent régies par les lois les plus rigides,
et on serait presque tenté d'appliquer à leur solution des for-
mules de pure mathématique, si l'on oubliait qu'à côté des
données théoriques, il y a aussi tout un ensemble de circonstances pratiques, qui modifient les éléments du problème dans
chaque cas déterminé et imposent des solutions variées.

Les monnaies sont faites d'un métal qui, à l'égal de toute
autre marchandise, possède une valeur déterminée par l'offre
et la demande, par la production et la consommation. Dans les
relations commerciales de pays à pays, la monnaie ne se dis-
tingue pas du métal dont elle est faite : elle circule à l'égal
d'un lingot sans que l'effigie dont elle est revêtue modifie sa
valeur. Si le métal baisse, son pouvoir d'acquisition diminuera,
et l'importateur pour avoir la même quantité de marchandises
devra donner une plus grande quantité de monnaies ou de
métal. A côté de cette hausse des prix d'importation, il y aura
dans les relations avec les pays à monnaie saine, un signe
beaucoup plus précis de la moins-value de la monnaie : ce sera
la hausse du change. Si les monnaies, avant la baisse, s'échangeaient sur la base de 100 0 0, par exemple, elles ne s'échan-

geront plus que sur la base de 125, 150 0/0; on dit alors que le change s'est élevé de 25, de 50 0/0 : le change s'est déprécié.

Mais à l'intérieur d'un pays, la monnaie n'est plus seulement un disque de métal : elle est revêtue de l'empreinte de la Puissance publique, qui lui donne cours forcé pour une valeur déterminée. Cette intervention arbitraire de l'autorité modifie profondément le caractère de la monnaie, dont la valeur devient, dans une certaine mesure, indépendante de celle du métal. Qu'une dépréciation du métal monétaire intervienne, la monnaie n'en continuera pas moins à circuler à l'intérieur du pays avec sa valeur primitive : les créanciers ne pourront exiger pour le paiement de leur créance une plus grande somme de monnaies. D'ailleurs, à défaut de la loi, l'habitude suffirait à maintenir la monnaie dans sa valeur primitive. Il se produit ainsi dans la monnaie, suivant qu'elle sort du pays ou qu'elle y reste, une rupture d'équilibre dont les effets forment le fond de toutes les discussions entre partisans de la monnaie dépréciée et partisans de la monnaie saine (1).

De ce que la monnaie se déprécie à l'extérieur, alors qu'elle conserve toute sa valeur à l'intérieur, il ressortira un bénéfice pour ceux qui auront su prendre en face de la baisse une position de défense en se rendant créanciers à l'extérieur et débiteurs à l'intérieur; il ressortira au contraire une perte pour ceux qui se trouveront dans la situation inverse, devant faire des remises en bonne monnaie, alors qu'ils n'en reçoivent que de la mauvaise.

(1) Bourguin, *La mesure de la valeur et la monnaie*, Paris, 1896.
Viollet.   2

Les exportateurs commerçants, industriels ou agriculteurs sont débiteurs de monnaie dépréciée, soit pour paiement de la marchandise, de la matière première, soit pour rémunération de la main-d'œuvre, et ils touchent leur prix en bonne monnaie ; ils bénéficient de toute la hausse du change. Au profit commercial s'ajoute un profit de change qui dépasse souvent le premier.

Cette prime à l'exportation peut être un stimulant puissant de la production nationale, mais elle peut aussi détourner les capitaux de certaines industries nationales indispensables, au profit d'industries moins intéressantes et moins utiles au développement économique du pays.

En regard de cette situation créée par la hausse du change, il y en a une autre inverse, pour toutes les personnes qui, pour une raison quelconque, ont à faire des remises à l'extérieur : pour les importateurs de produits manufacturés, qui sont obligés de faire des remises plus fortes à l'étranger, comme s'il avait été établi un droit à l'importation ; pour les industries de transformation qui se procurent, soit leurs matières premières, soit leur machinisme à l'étranger ; enfin pour toutes les industries, toutes les entreprises créées avec des capitaux étrangers : la rémunération de ces capitaux nécessite des remises en bonne monnaie, alors que les recettes se font en monnaie dépréciée, il en résulte, entre les comptes créditeurs de monnaie dépréciée et les comptes débiteurs de monnaie saine un *hiatus* équivalent à la hausse du change, qui peut transformer des profits en pertes et acculer à la faillite l'entreprise dont les affaires sont le plus prospères.

Cette dernière conséquence de la hausse du change est particulièrement grave pour un pays neuf qui a besoin, pour mettre en valeur ses richesses naturelles, du secours des capitaux étrangers.

Parmi les victimes de la hausse du change il faut aussi mentionner l'Etat qui a contracté des emprunts payables en or et qui, par suite, voit ses charges augmenter alors que ses recettes effectuées en mauvaise monnaie restent stationnaires.

Les partisans de la monnaie dépréciée s'ingénient à prouver que, parmi tous les effets produits par la hausse du change extérieur, il en est un qui prime tous les autres et qu'on doit se garder de corriger : la prime à l'exportation occasionnée par la hausse du change leur semble un stimulant incomparable pour la production nationale; bien plus, ils y voient le remède naturel, automatique qui se chargera d'assainir la situation monétaire du pays et de ramener les changes au pair.

En effet, disent-ils, sous la protection du change, le commerce d'exportation ira chaque jour en se développant, la balance du commerce deviendra chaque jour plus favorable au pays et il s'établira un afflux de saine monnaie qui raffermira peu à peu la circulation dépréciée du pays. Ce raisonnement semble d'autant plus hardi que la hausse du change prive, comme nous l'avons vu, le pays de l'instrument indispensable à l'épanouissement de la production : c'est-à-dire les capitaux étrangers ; qu'elle rend impossible l'établissement d'entreprises sans lesquelles aucun pays ne saurait progresser : comme les moyens de transport par terre et par eau.

D'ailleurs, quelque idée qu'on se fasse des avantages d'une

monnaie dépréciée, on doit convenir que ces avantages ne peuvent durer éternellement.

La rupture d'équilibre entre la monnaie employée à l'intérieur et la monnaie employée à l'extérieur — rupture d'où découlent toutes les conséquences que nous avons énumérées — n'est que passagère ; sous des influences multiples, la dépréciation qui n'avait d'abord atteint la monnaie qu'à sa sortie du pays, par le fait de son contact avec une monnaie saine, va se propager peu à peu à l'intérieur, et cette dépréciation se manifestera par une hausse des prix, plus ou moins régulière, plus ou moins uniforme, mais cependant constante (1).

En effet, le commerce intérieur est étroitement lié au commerce extérieur, surtout dans un pays neuf qui fait venir de l'étranger son matériel industriel et ses matières premières. Telle matière première qui, en entrant dans le pays, subit, du fait de la hausse du change, une augmentation correspondante de prix, provoquera dans toutes les industries où elle est employée une hausse des produits manufacturés ; et s'il s'agit de matières aussi répandues que le combustible ou le fer, la hausse des prix se propagera beaucoup plus rapidement que si le pays n'importe que des matières à emploi industriel limité.

Les exportations peuvent, elles aussi, contribuer, dans une certaine mesure, à faire pénétrer à l'intérieur la dépréciation de la monnaie, car les producteurs d'articles destinés à l'exportation, voulant avoir une part aux bénéfices réalisés par les exportateurs, exigeront d'eux des prix plus élevés.

(1) Voir J. Pallain : *Des rapports entre les variations du change et les prix*, Paris, 1905, p. 50 et suiv.

Ainsi, la différence de valeur entre la monnaie employée à l'extérieur et la monnaie employée à l'intérieur tend à se combler, de telle sorte que les effets de la hausse du change vont en s'atténuant et finissent par disparaître au bout d'une période plus ou moins longue (1).

Néanmoins, quand il s'agit d'une baisse aussi considérable et aussi prolongée que celle du métal argent, la période de réajustement des prix est, elle aussi, beaucoup plus longue, car au fur et à mesure que le pouvoir acquisitif de la monnaie diminue à l'intérieur, une nouvelle baisse du métal vient déprécier encore la monnaie à l'extérieur de façon à perpétuer le déséquilibre entre les deux monnaies.

Malgré tout, la perspective presque certaine de voir un jour s'arrêter la dépréciation de la monnaie, semble rendre vaine toute discussion sur l'opportunité d'une réforme monétaire, puisque, par le seul concours du temps, toutes les conséquences de la dépréciation disparaîtront, à cette exception près, que l'instrument d'échange sera plus lourd et plus encombrant qu'auparavant.

Bien plus, toute réforme qui aurait pour but de ramener la monnaie dépréciée à sa valeur antérieure serait doublement néfaste, puisque, outre les sacrifices considérables que nécessiterait sa réalisation, elle imposerait au pays une crise éco-

(1) La dépréciation de la monnaie à l'intérieur ne peut avoir lieu que si le stock monétaire augmente ; or, cette condition se trouve justement réalisée dans les pays dont nous nous occupons, par la liberté de la frappe ; la frappe se trouve stimulée par ce fait que la monnaie conserve pendant un certain temps, à l'intérieur du pays, un pouvoir d'acquisition plus élevé qu'ailleurs.

nomique analogue, quoique inverse, à celle que lui avait infligée la hausse du change ; cette crise serait même plus dangereuse puisqu'elle paralyserait le commerce d'exportation et assurerait une prime à l'importation, rendant ainsi la balance du commerce de jour en jour plus défavorable au pays.

Ainsi, s'il ne s'agissait que de remédier à la dépréciation d'une monnaie, les procédés les plus savants ne vaudraient guère en face de l'action bienfaisante du temps, mais il ne faut pas oublier que la dépréciation est toujours accompagnée de l'instabilité, et que contre cette dernière il n'y a pas de remède naturel.

En effet, tant que la valeur de la monnaie reste solidaire de celle du métal dont elle est faite, elle subit toutes les fluctuations de ce métal sur le marché (1), montant et baissant avec lui sans qu'il soit possible de prévoir dans quel sens se fera l'oscillation. Cette incertitude est bien plus redoutable encore que la dépréciation parce qu'elle enlève toute sécurité au commerce et transforme les affaires en de véritables opérations de jeu. Le commerce vit de crédit ; ses échéances, surtout quand il s'agit de transactions internationales, varient entre trois mois et un an ; si, pendant cette période, le prix de l'argent monte ou baisse, les sommes nécessaires au règlement des transactions varieront dans la même proportion.

Mais c'est particulièrement dans l'investissement des capitaux étrangers que se font cruellement sentir les conséquences

(1) L'amplitude des fluctuations de l'argent a été souvent considérable, elle a dépassé, certaines années, 20 0/0 de la valeur de l'argent.

de l'instabilité : Quels capitalistes consentiront à s'engager dans une affaire, avec la perspective de voir leurs capitaux effrités par la moindre oscillation du change? S'il s'en trouve, du moins exigeront-ils une rémunération accablante pour le pays.

Cet aléa, dont souffre le progrès économique de la nation, profite en revanche à toute une catégorie de spéculateurs qui vivent en parasites, aux dépens des classes productrices. Les agioteurs abondent en effet dans les pays où le change s'est déprécié. Ils s'efforcent d'accaparer tous les papiers de change qui se trouvent sur la place quand les cours du change fléchissent et les recèdent avec profit quand ces derniers ont remonté.

Il arrive fréquemment que ces spéculateurs forment une armée puissante, adversaire résolue de la stabilisation du change, et qui s'efforce par ses opérations à en perpétuer et à en aggraver les fluctuations. Or, l'instabilité est le plus grand obstacle au réajustement définitif des valeurs de la monnaie à l'intérieur et à l'extérieur.

Le temps, que nous avions jugé tout à l'heure comme un remède suffisant à la dépréciation, reste sans action devant l'instabilité.

Force est donc de recourir à des mesures artificielles, à des procédés arbitraires pour rétablir la fixité du change ; après quoi, seulement, l'œuvre du temps pourra devenir efficace contre les effets de la dépréciation.

Parmi ces procédés, le premier qui s'offre à l'esprit, parce qu'il est le plus radical, est celui qui consisterait à régulariser, non pas les cours de la monnaie, mais ceux du métal lui-même puisqu'aussi bien le cours de la monnaie n'est que le reflet du cours du métal dont elle est faite.

Mais ici, les efforts d'un gouvernement sont impuissants, parce que le marché d'un métal est autrement vaste que celui d'une monnaie ; c'est à une coopération de tous les puissants Etats du monde qu'il faudrait demander de stabiliser la valeur du métal en maintenant toujours égales sa production et sa consommation, si tant est que la chose soit possible. Les nombreuses tentatives de conférence internationale que nous avons relatées n'ont point eu d'autre objet et nous verrons que le Mexique, pour qui le problème de l'argent n'est pas seulement une question monétaire mais aussi une question d'économie nationale, a tenté dans ce sens un suprême effort, avant de recourir aux autres procédés d'une réalisation plus facile.

Si la stabilisation du métal lui-même est chose impossible, il faudra s'en prendre à la monnaie elle-même ; ici se présentent deux procédés. On pourra se décider à remplacer la monnaie existante et à en frapper une nouvelle dans un autre métal moins sujet aux oscillations ; on passera de l'étalon d'argent à l'étalon d'or. Mais le changement d'étalon ne va pas sans de fortes dépenses puisque c'est toute une circulation dépréciée qu'il s'agit de remplacer par une circulation saine ; aussi ce moyen n'est-il pratiqué que par les pays qui, pour une raison quelconque, se trouvent jouir de ressources exceptionnelles (1).

(1) L'Allemagne et le Japon n'ont pu adopter l'étalon d'or que grâce au paiement d'indemnités de guerre considérables.

L'autre procédé dont la réalisation est moins dispendieuse consiste à détacher la valeur de la monnaie de celle du métal dont elle est composée ; pour y parvenir, il faut transformer en un marché clos le marché ouvert de la monnaie, il faut en régler l'offre et la proportionner toujours à la demande ; la première condition pour atteindre ce but est la suppression de la liberté de la frappe : l'offre étant ainsi limitée, la valeur de la monnaie cesse de suivre les fluctuations du métal et se fixe peu à peu, suivant un certain rapport d'équivalence avec la monnaie non dépréciée.

Le choix de ce rapport est très important pour l'équilibre du système. D'une part, il ne doit pas se confondre avec le rapport commercial, sinon la moindre hausse du métal provoquerait une fuite de la monnaie puisque la loi attribuerait à la monnaie une valeur inférieure à sa valeur réelle (1).

D'autre part, le rapport légal ne doit s'écarter que très peu du rapport suivant lequel la monnaie dépréciée s'échange, en fait, contre la monnaie saine (2), sinon la période pendant laquelle la monnaie remonterait à la valeur fixée par la loi serait marquée par des troubles économiques identiques à ceux occasionnés par la baisse de la monnaie.

Mais ce n'est pas tout que de ramener la monnaie à une valeur arbitraire, il faut l'y maintenir et, à cet effet, il est nécessaire d'éviter tout contact entre la monnaie stabilisée et la

_____

(1) C'est une application de la loi de Gresham.

(2) Ce rapport d'échange des monnaies peut être différent du rapport d'échange des métaux, car, ainsi que nous l'avons vu, la dépréciation du métal précède toujours la dépréciation de la monnaie.

monnaie saine, car c'est par ce contact que toutes les fluctuations du métal atteignent la monnaie et se propagent à l'intérieur.

Si la balance du commerce est favorable au pays, les lettres
de change suffiront à solder les comptes et la monnaie n'inter-
viendra pas ; si elles n'y suffisent pas, le solde de métal précieux devra être puisé à une réserve constituée à cet effet, soit
sur les places étrangères où ont lieu en général les plus fortes
remises, soit dans le pays même.

Ce fonds d'or est d'habitude constitué par les soins d'une
Commission des changes qui cherche aussi à se rendre acquéreur, à intervalles réguliers, de tout le papier de change existant, de façon à se substituer aux agioteurs et à atténuer,
dans la mesure du possible, les fluctuations des cours.

Ainsi, grâce à l'intermédiaire de la Commission des changes,
le marché de la monnaie est soustrait aux influences naturelles
et peut acquérir une fermeté parfaite.

Ce système de la stabilisation ne demande pas de frais
énormes puisque la monnaie dépréciée continue à circuler ;
de plus, il facilite l'adoption à courte échéance de l'étalon d'or
par l'établissement d'une circulation effective d'or.

En effet, si le pays se développe, si, grâce aux capitaux
venus de l'étranger, l'industrie progresse et donne une vive
impulsion au commerce d'exportation, la balance du commerce se liquidera par un afflux d'or de plus en plus considérable et les réserves d'or, loin de diminuer, augmenteront
dans de telles proportions qu'il deviendra possible de les lan-
cer dans la circulation, sans qu'on ait à craindre de les voir

s'enfuir puisque la parité entre la nouvelle monnaie et l'ancienne sera toujours strictement maintenue.

Les lignes qui précèdent nous donnent une idée des principes qui régissent les questions monétaires, mais dans la pratique, les choses ne se présentent pas aussi simplement. Il faut envisager tout un ensemble de considérations spéciales, qui, par leur importance, peuvent conduire à adopter des solutions différentes de celles qu'aurait réclamées la simple application des principes.

Par exemple, nous avons vu qu'une réforme n'avait de chance de succès que si la balance des paiements était favorable aux pays. Mais il est très difficile de savoir si cette condition se trouve réalisée ; d'ailleurs, est-il, en toutes circonstances, dangereux et inopportun de passer outre ?

Ne peut-on soutenir que le pays a été paralysé jusqu'ici dans son développement justement par la défectuosité de son régime monétaire et que, celle-ci supprimée, le pays recevra une impulsion vigoureuse qui permettra de mener à bien une réforme qui, à première vue, semblait intempestive ?

Les choses se présentent sous un jour différent suivant qu'on est en présence d'un pays vieux, dont la carrière économique est déjà toute tracée et qui ne peut plus escompter qu'un développement lent et progressif, ou suivant qu'on a affaire à un pays neuf dont la vocation et l'essor économiques dépendent surtout de l'afflux des capitaux et de la main d'œuvre étrangère.

La situation financière de l'Etat est encore un élément important du problème : la hauteur des changes peut être pour

les finances publiques une lourde chargé si le pays est fortement endetté vis-à-vis de l'étranger, et il peut être du plus
grand intérêt de savoir si l'allègement qui résultera pour les
finances du fait de la réforme ne compensera pas largement
les sacrifices nécessaires pour sa réalisation.

Ce sont là autant de questions dont la solution dépend exclusivement de l'examen des faits (1).

.*.

L'analyse succincte à laquelle nous venons de nous livrer
va nous permettre d'arrêter les lignes principales de ce travail.

Nous n'aurons qu'à comparer les faits aux principes émis,
en les classant suivant l'ordre que nous avons suivi dans notre
analyse théorique.

Dans une première partie, nous étudierons l'état économique du Mexique depuis un demi-siècle, en cherchant à dégager l'influence de la baisse de l'argent sur son développement; nous ferons la balance entre les effets heureux et les
effets malheureux de la baisse de la piastre, en examinant
d'une façon spéciale la situation faite aux mines d'argent.

La deuxième partie sera consacrée aux solutions qui ont
été proposées et à la réforme de 1905; étudiant, en premier
lieu, la tentative faite par le Mexique en 1903, d'accord avec
les Etats-Unis, pour essayer de raffermir, grâce à une entente

_____

(1) Sur la théorie d'une réforme monétaire, voir : *Les changes
dépréciés*, par Jean Favre, Paris, 1905, 1re partie.

internationale, le cours de l'argent, nous verrons que le Mexique aurait trouvé de la sorte une solution des plus simples à la question monétaire, tout en assurant à ses mines d'argent un avenir prospère.

Nous analyserons ensuite la réforme du 25 mars 1905; nous verrons quels procédés le ministre des Finances, M. Limantour, a employés pour stabiliser la piastre, tout en lui conservant son caractère de pleine monnaie.

Nous aurons à discuter l'opportunité de la réforme. Nous verrons si des circonstances formelles ne lui ont pas été favorables ; et nous essayerons de dégager les perspectives d'avenir qu'offre au Mexique l'adoption de l'étalon d'or.

PREMIÈRE PARTIE

Causes et effets de la baisse de la piastre.

———

CHAPITRE Ier

DESCRIPTION ET HISTOIRE DU MEXIQUE

Aspect général du Mexique, son sol, son climat. — Ses produits
 naturels : agriculture, richesses minières.
Histoire du Mexique : Guerre de l'indépendance. — La Royauté, la
 République ; — l'intervention des Puissances ; — Maximilien empereur ; — sa chute ; — Administration et gouvernement du Président Porfirio Diaz.

La République fédérale du Mexique, qui comprend
trente Etats d'inégale importance, occupe dans le monde
une position géographique qui semble la prédestiner à
un rôle éminent. Joignant l'Amérique du Nord à l'Amérique du Sud, elle est à égale distance de l'Europe, de
l'Afrique et de l'Asie.

Sa superficie est de 1.987.063 kilomètres carrés, soit
près de quatre fois celle de la France ; sa population,
composée en parties à peu près égales d'indigènes et de
métis, était, d'après le recensement de 1900, de

13.605.919 habitants, soit près de 7 habitants par kilomètre carré ; c'est là une bien faible densité que ne suffit pas à expliquer la présence de massifs montagneux importants.

« A faible distance de la plage, sur les deux côtes, le terrain commence à s'élever et la nature tropicale se révèle de plus en plus exubérante, avec ses bois épais, remplis d'essences précieuses et de plantes médicinales, ses gais ravins et ses vallées si fertiles ; puis on atteint des altitudes de plus en plus grandes, à mesure que l'on pénètre à l'intérieur du pays, jusqu'à ce que l'on arrive au plateau central, immense plaine élevée, limitée à l'Est et à l'Ouest par les deux grandes Cordillères que forment les Andes mexicaines, lorsqu'elles se divisent dans l'Etat d'Oaxaca et qui sont connues sous le nom de Sierra Madre orientale et Sierra Madre occidentale (1). » Plusieurs cimes de ces chaînes, surtout de la première, sont très élevées et dépassent 4 et 5.000 mètres. Une ligne volcanique perpendiculaire aux Cordillères traverse la région des lacs.

Le réseau fluvial du Mexique souffre de la configuration du terrain.

Le plateau central, limité par les Cordillères, forme une barrière infranchissable aux cours d'eau qui, descendant en torrents les contreforts du plateau, laissent celui-ci sans voie utilisable et ne deviennent navigables

(1) *Les Etats-Unis mexicains*, par R. de Zayas Enriquez, Mexico, 1899.

que sur un parcours assez restreint, le long des côtes.
Cependant le versant oriental est arrosé par des bassins
importants.

En revanche, le caractère accidenté du territoire
mexicain peut devenir pour le pays une source de richesses inestimables du jour où l'on se mettra à utiliser
les nombreuses et importantes chutes d'eau qui dévalent
du plateau jusqu'aux plaines de la côte ; peut-être alors
l'absence de houille noire sera-t-elle compensée par la
houille blanche, moins chère et plus productive
d'énergie.

Au point de vue climatérique, on peut distinguer, selon l'altitude, trois zones concentriques qui correspondent, chacune, à un genre de végétation différent.

Au niveau de la mer, le long des côtes, se trouvent
les terres chaudes dont la température tropicale a jusqu'ici effrayé le colon européen, dont l'acclimatation
est difficile.

Les terres tempérées qui s'étagent sur les contreforts
des Cordillères, prennent surtout de l'étendue vers le
Nord. Elles sont couvertes d'une végétation luxuriante
secondée par un régime des eaux très propice. C'est la
zone d'avenir par excellence, où la main-d'œuvre immi-
grante trouvera à s'employer utilement.

Les terres froides enfin, qui occupent toute la partie
centrale du pays, correspondent à peu près au climat
d'Europe, mais la rareté des pluies y rend la culture des
céréales très aléatoire ; peut-être le percement de puits

pourra-t-il rendre possible l'élevage du bétail dans les vastes plaines du plateau.

« On voit, dit M. Zayas Enriquez, qu'au Mexique se trouvent tous les climats, depuis le soleil ardent de l'Afrique centrale, en différents points de la côte et dans quelques vallées intérieures, jusqu'au froid glacial des régions arctiques, sur les sommets des hautes montagnes, et que par suite son sol est susceptible de produire presque tous sinon tous les fruits du monde entier. »

De fait, la production agricole du Mexique s'est singulièrement développée malgré les révolutions intestines, le manque de bras, de capitaux et de voies de communication rapides. La superficie des terres cultivées atteint 121.568 kilomètres carrés (1) et tous les ans, les différents États concèdent de vastes territoires à des compagnies agricoles.

Si nous passons en revue les différentes productions agricoles du Mexique, nous distinguerons les produits destinés à la consommation intérieure et les produits destinés à l'exportation.

Parmi les premiers, nous devons mentionner tout d'abord le maïs qui pousse partout presque sans culture et forme la base de l'alimentation du peuple, ce qui donne à cette céréale une importance économique con-

(1) Voir pour les chiffres concernant l'agriculture : *The Statesman's year book*, 1906, p. 1145.

sidérable. Il a été récolté, en 1903, 32.025.446 hecto-
litres de maïs.

Vient ensuite le blé dont la culture, quoique rudimentaire, donne de bons résultats : la récolte de 1903 a été
de 285.561.429 kilogrammes.

Les 22.000.000 kilogrammes de riz récoltés annuellement suffisent à peine à la consommation intérieure.

L'industrie sucrière prend chaque année plus d'exten-
sion : en six ans, la production du sucre a augmenté de
50 0/0, et elle atteignait en 1903, 100 millions de kilogrammes ;

Le coton, dont la récolte montait, en 1903, à près de
37 millions de kilogrammes, pourrait non seulement suffire à la consommation intérieure, mais même devenir
un élément important d'exportation si la routine dans sa
production faisait place aux procédés de la science moderne.

L'élevage est une des branches importantes de l'agriculture mexicaine ; il se pratique surtout dans les États
du Nord et le long du golfe du Mexique où les pâturages
couvrent une superficie de 187.628 kil. carrés ; en 1902,
on comptait au Mexique 5.142.457 têtes de bétail et
3.424.430 moutons.

Si nous passons aux produits destinés à l'exportation,
nous devrons mentionner en premier lieu le hennequen,
plante textile dont la culture s'est surtout développée
dans l'État de Yucatan : en 1901-02, il en a été exporté
95.706.885 kgs. Il a été exporté dans la même année

180.364 kgs. de caoutchouc, 1.804.153 kgs de chicle, 64,964 mètres cubes de bois de construction, 40.626. 944 kgs de bois de campêche.

D'autres articles sont destinés en partie à la consommation intérieure et en partie à l'exportation. Nous indiquons dans le tableau suivant les principaux d'entre eux, avec les quantités exportées en 1902 (1).

Café	22 203 219	kilogs.
Céréales	5 159 839	»
Fruits	5 364 553	»
Bétail	177 689	têtes
Pois chiches	4 624 577	kilogs.
Peaux non tannées	9 023 822	»
Tabac	1 353 734	»
Vanille	36 044	»

Ces quelques chiffres nous donnent une idée sommaire de la richesse agricole du Mexique et de la variété de ses produits.

Le sous-sol n'est pas moins riche que le sol même et ce sont ses ressources minières qui ont valu pendant des siècles à la Nouvelle Espagne sa réputation proverbiale.

La grande zone minière mexicaine a une étendue de plus de 1.600 milles du Nord-Ouest au Sud-Est, c'est-à-dire dans la direction de la grande chaîne de montagnes de la Sierra Madre, depuis le Nord de l'État de Sonora, jusqu'au Sud de celui d'Oaxaca.

On comptait en 1903 1.098 mines en exploitation dont

(1) *Comision monetaria, Acta num.*, 5, Mexico, 1903, p. 76.

la production globale pouvait être évaluée à 94.870.301 dollars. La plupart de ces mines exploitent l'argent à l'état isolé ou combiné avec l'or, le cuivre ou le plomb.

Les mines de fer sont peu nombreuses et les combustibles minéraux font presque totalement défaut. Nous indiquons, dans le tableau suivant, la production des différents métaux en 1903 (1).

Or	15 208 kilogs.
Argent	1 086 727 »
Cuivre.	47 419 678 »
Plomb.	68 334 795 »
Fer.	4 009 037 »
Antimoine	2 160 000 »
Mercure	94 892 »

Les quantités d'argent produites par le Mexique sont considérables, elles correspondent à peu près au tiers de la production totale de l'argent.

Nous aurons par la suite à revenir sur cette constatation et à examiner quel rôle elle a joué dans les débats sur la question monétaire.

.·.

Connaissant, dans ses grandes lignes, comme la physiologie du Mexique, il nous reste à examiner, avant d'entrer plus avant dans notre sujet, quel parti les

(1) *The Statesman's year book*, 1906, p. 1146.

hommes ont su tirer d'une nature aussi riche, quelles phases politiques le pays a traversées avant de devenir la République libre et prospère qu'il est aujourd'hui.

Le Mexique fut découvert au début du xvi° siècle par les Espagnols ; c'est Fernand Cortez qui en fit la conquête définitive de 1519 à 1521.

Pendant 300 ans le territoire mexicain constitua la colonie la plus riche et la plus importante que possédât la couronne d'Espagne ; mais en 1810 éclata la guerre de l'Indépendance qui devait se prolonger onze ans et qui devait semer des germes de discordes intestines dont le pays eut à souffrir pendant un demi-siècle.

L'annulation par les Cortès du traité de Cordoba, qui détachait la colonie de la métropole (1821), raviva l'espoir des Espagnols qui tentèrent à plusieurs reprises de reconquérir le Mexique. Les insurgés, pendant ce temps, cherchaient à se donner un gouvernement autonome ; mais tandis que le parti républicain se divisait en centralistes et en fédéralistes, l'armée proclamait empereur Iturbide, qui devait mourir peu de temps après victime de son ambition. La République fédérale proclamée en 1824 se débattait encore au milieu des querelles des partis, quand les Etats-Unis, profitant de la désorganisation générale, déclarèrent la guerre au Mexique. Cette guerre, qui se termina par l'annexion aux Etats-Unis, de plus de la moitié du territoire fut, de la part des Mexicains, l'occasion de scandales qui rendirent leur défaite plus humiliante.

La lutte s'envenima entre le parti réactionnaire ayant
à sa tête Santa-Anna et le parti libéral qui finit par
faire passer la constitution de 1857, autour de laquelle
les partis se déchirèrent pendant trois ans. L'Europe,
devant ces bouleversements douloureux, ne restait pas indifférente. L'idée d'une intervention se faisait plus forte
de jour en jour; on représentait le Mexique « comme
un pays de sauvages et de bandits, déshonneur de l'humanité, où il n'y avait de garantie ni pour la vie, ni pour
les biens ; et en même temps, on faisait les descriptions
les plus pompeuses des richesses naturelles du pays, de
ses ressources minérales, des conditions exceptionnelles
de l'agriculture, et on concluait en disant que cette
région n'était pas le patrimoine des Mexicains, mais de
l'humanité » (1).

Michel Chevalier résumait bien l'opinion commune
quand il écrivait : « Il y a là une Nation, un État, une
société à refaire de la base au sommet (2). »

La France, l'Angleterre et l'Espagne, profitant de ce
que le Mexique ne remplissait pas ses engagements vis-à-
vis de leurs nationaux, débarquèrent une nombreuse
armée qui s'empara de Vera-Cruz. Les puissances obtinrent vite satisfaction, mais Napoléon III avait résolu
d'ériger le Mexique en monarchie, sous prétexte d'assurer à l'élément latin d'Amérique un gouvernement

(1) *Los Estados-Unidos Mexicanos*, de 1877 à 1897, par R. de Zayas
Enriquez, Mexico, 1807.
(2) *Le Mexique ancien et moderne*, Paris, 1864, p. 395.

suffisamment fort pour résister à l'envahissement anglo-saxon. Après de nombreuses difficultés, il imposa au pays comme empereur le grand-duc Maximilien d'Autriche; mais la guerre de sécession aux États-Unis, qui avait jusque-là servi les projets de Napoléon, venait de prendre fin, et les États-Unis, retrouvant leur liberté d'action, exigèrent le retrait des troupes françaises. Le plan de Napoléon avait échoué. Le malheureux empereur Maximilien fut presque aussitôt fait prisonnier et sommairement exécuté (19 juin 1867.)

La lutte pour l'indépendance avait été menée par Benito-Juarès, de race indigène, Lerda de Tajada, de sang espagnol, et Porfirio Diaz de Oxaca. Une fois l'étranger hors du territoire, les Mexicains, au lieu d'oublier leurs querelles intestines et de concentrer leurs efforts pour ramener l'ordre et la prospérité dans leur pays si douloureusement éprouvé, se divisèrent en trois partis antagonistes, dont chacun avait pour chef un des trois libérateurs du pays; enfin le général Porfirio Diaz arriva au pouvoir en 1877, et, à partir de cette époque, une ère nouvelle s'ouvrit pour la nation.

Il trouvait le trésor épuisé, le crédit anéanti, la défiance plus accentuée que jamais, les relations extérieures rompues ou suspendues; or il avait toujours combattu le gouvernement de Juarès et celui de Lerda au nom du progrès, de l'ordre et de la liberté; il avait promis la régénération du pays et était tenu d'accomplir sa promesse. Ses premiers actes ne démentirent pas son

attitude antérieure : il élabora tout un plan de réformes
qu'il se mit en devoir d'exécuter ; par malheur, son entreprise fut interrompue par l'élection de Gonzalès (1), qui
ne sut pas allier à ses désirs de réformes la modération
nécessaire.

En 1888, Diaz fut de nouveau convié par la nation à
reprendre les rênes du Gouvernement et à appliquer son
habileté et son dévouement au rétablissement de l'équilibre financier que les imprudences de son successeur
avaient gravement compromis.

Il introduisit partout un régime sévère d'économies,
consolida la dette flottante et favorisa la création des
chemins de fer, qu'il considérait comme un élément indispensable de la richesse publique.

L'historien dont nous avons déjà cité le nom écrit :
« Nous devons reconnaître que l'organisation de nos
finances date de l'année 1885, dans laquelle commença
la période d'évolution poursuivie avec énergie, jusqu'à
ce qu'enfin on arrivât à ce résultat admirable, sans
exemple dans notre histoire : l'équilibre du budget. »

C'est là, en effet, un événement de la plus haute importance dans l'histoire du Mexique. Il est le fruit de la
préoccupation constante du Gouvernement de Porfirio
Diaz de placer enfin le Mexique au rang des grandes Nations, d'effacer le souvenir des catastrophes financières
dont il avait été trop souvent le théâtre, et de ramener

(1) La constitution n'autorisait pas la réélection immédiate du
Président.

la confiance et le crédit nécessaires au développement régulier du pays.

Si nous avons quelque peu insisté sur l'histoire politique du Mexique, c'est qu'elle nous fournit un enseignement que nos études postérieures ne feront que confirmer : elle nous montre que c'est par la volonté et par la persévérance de quelques hommes, que le Mexique est entré dans la voie de l'ordre et du progrès, bien plutôt que par le secours artificiel et aléatoire de la baisse de l'argent ; nous puiserons là un argument de plus pour fortifier notre thèse et pour prouver que la hausse du change a nui beaucoup plus qu'elle n'a profité au développement économique et financier du Mexique. Si, à première vue, on est frappé par ce fait que les premiers pas de cette Nation dans la voie de l'organisation et de la sécurité coïncident presque exactement avec la baisse du métal argent, un examen moins superficiel prouve qu'il n'y a là qu'une coïncidence fortuite.

Jusqu'en 1880, le Mexique n'a pas joui d'un moment de repos : aux luttes intestines succèdent les guerres étrangères, aux complots politiques, les répressions sanglantes ; puis, à cette date, apparaît un homme qui a la ferme volonté de rétablir la paix et le bien-être et qui puise sa force dans la confiance qu'il inspire à ses concitoyens et aux étrangers ; n'est-il pas légitime d'attribuer à son action l'élan donné au pays ?

La sécurité politique et financière sont des conditions

indispensables au développement des forces productives ; or, ni l'une ni l'autre ne peuvent résulter de la dépréciation d'un métal.

La rénovation financière du Mexique n'est qu'une illustration de cette phrase célèbre du baron Louis : « Faites-moi de bonne politique et je vous ferai de bonnes finances. »

CHAPITRE II

LA BAISSE DE LA PIASTRE

Régime monétaire du Mexique avant la réforme : Bimétallisme
légal, monométallisme de fait. — La piastre en Extrême-Orient.
— Baisse de la piastre, ses causes.

La loi du 28 novembre 1867 instituait au Mexique le
régime du bimétallisme ; c'est-à-dire que l'Hôtel des
monnaies était ouvert à la fois à la frappe de l'or et à
celle de l'argent.

La monnaie de compte était le *peso* ou piastre, de
cent *centavos*, dont la valeur au pair en francs était de
5 fr. 5645. Le rapport légal entre l'or et l'argent était
plus élevé que dans la plupart des autres pays, presque
égal à 17, exactement : 16,925.

La série des monnaies était la suivante :

Monnaies d'or

	Poids (grammes)	Titre
20 pesos	33,841	0,875
10 pesos	16,921	—
5 pesos	8.460	—

Monnaies d'argent

	Poids (grammes)	Titre
1 peso.	27,072	0,9027
1/2 peso ou 50 centavos . .	13,536	—
1/4 de peso ou 25 centavos .	6,760	—

Il eût été intéressant de savoir si la circulation de fait a correspondu, à quelque époque, au régime légal ; si l'or et l'argent ont été cumulativement employés comme monnaie courante et dans quelle proportion ; malheureusement les données statistiques sur la circulation monétaire au Mexique ne permettent pas de répondre d'une façon précise à ces questions.

Seules, des déductions logiques tirées de l'analyse du système peuvent nous fournir quelques indications :

L'adoption du rapport de 1 gramme d'or pour 17 grammes d'argent, alors que le rapport adopté par les autres pays était beaucoup plus bas, égalant pour la plupart le rapport français 15,5 et descendant même en

Allemagne à 13,95, alors aussi que le rapport commercial n'était pas supérieur à 15,45, semble indiquer la préoccupation d'attirer l'or au Mexique en le faisant bénéficier d'une prime assez forte (1).

En effet, le Mexique, le pays le plus riche du monde en mines d'argent, devait nécessairement voir sa circulation d'argent s'enfler sans cesse, alors que sa circulation d'or resterait à l'état purement fictif ; pour remédier à cet état de choses, et pour mettre les faits d'accord avec le principe bimétalliste énoncé dans la nouvelle loi monétaire, le législateur attribua à l'or une valeur sensiblement plus élevée que partout ailleurs. Le spéculateur qui apportait à la Monnaie de Mexico 100 grammes d'or obtenait 1.700 grammes d'argent ; de retour en France, il pouvait échanger ses 1.700 grammes d'argent contre de l'or suivant le rapport 15,5 et obtenait ainsi 109 gr.,6 d'or, il retirait donc de son opération un bénéfice égal à 9,6 0/0 (2).

Le Mexique pouvait donc espérer par là créer un afflux d'or et ouvrir à la monnaie d'argent dont il était inondé un débouché certain ; mais le législateur avait compté sans la révolution monétaire qui commença, comme

____

(1) Il est à remarquer que le Japon, par les lois de 1871 et 1876, adoptait, peut-être dans le même esprit, un rapport encore plus élevé, égal à 18, 17.

(2) Il est vrai que les frais de monnayage et de transport réduisaient à peu près de 6 0/0 le bénéfice réel, mais si l'on songe que ce bénéfice était immédiat et sans risques, on comprendra sans peine l'attrait qu'exerçait cette opération.

nous l'avons vu, presque aussitôt et qui renversa de fond
en comble la situation du Mexique.

En effet, dès que la baisse de l'argent eut fait monter
le rapport d'échange entre l'or et l'argent au delà de 17,
ce qui arriva en 1875, non seulement l'or ne prit plus la
route du Mexique, mais celui qui y était entré commença
à en sortir, et le stock difficilement formé, grâce à l'arti-
fice de la loi de 1867, se fondit et finit par s'évanouir
complètement, non point par l'effet d'une spéculation
inverse à celle de tout à l'heure, spéculation rendue désormais impossible par la suppression de la frappe de
l'argent dans la plupart des grands Etats, mais par le
simple effet de la loi de Thomas Gresham qui veut que
lorsque deux monnaies sont en présence, la mauvaise
monnaie chasse la bonne. Ainsi, en peu de temps, la circulation réelle du Mexique devint purement monomé-
tallique et la piastre, désormais identifiée au métal, en
suivit toutes les fluctuations.

Pour se rendre compte du système monétaire du
Mexique, il ne suffit pas de dégager l'aspect général de
la circulation intérieure ; la piastre mexicaine a joué,
depuis des siècles, un rôle trop important dans le
monde entier, pour qu'il ne soit pas nécessaire d'examiner cette seconde face du problème en recherchant
quelles répercussions les destinées de la piastre extérieure ont eues sur la piastre intérieure. Le baron
A. Humboldt (1) considère l'Hôtel des monnaies de

(1) Essai politique sur le royaume de la nouvelle Espagne ; 1811.

Mexico comme le plus grand et le plus riche du monde entier.

C'est, en effet, sous la forme de piastres que les énormes quantités d'argent extraites de la Nouvelle Espagne se sont répandues sur le marché du monde. La piastre jouait le rôle de monnaie nationale dans tous les pays où celle-ci faisait défaut et dans ceux où la monnaie nationale ne jouissait que d'un crédit limité.

Aux Etats-Unis, la piastre ne fut détrônée par le dollar qu'en 1857 ; la piastre pénétra très vite aux Antilles, aux Philippines, d'où elle se répandit sur tout l'Extrême-Orient. Elle atteignait l'Asie de tous les côtés à la fois : par l'Orient en passant par les Philippines, et par l'Occident en traversant l'Europe.

Les Indes orientales et la Chine sont les pays qui ont absorbé les plus grandes quantités de l'argent extrait d'Amérique.

« Ce sont, dit M. Cosasus, des abîmes insondables dans lesquels les métaux précieux se perdent à tout jamais. »

Les Chinois n'ont jamais eu de monnaie proprement dite, ils n'acceptent les pièces que pour le poids d'argent fin qu'elles contiennent ; mais la piastre, et surtout la piastre columnaire ou caroline, a toujours joui chez eux d'une faveur exceptionnelle. Elle circulait pour une valeur très sensiblement supérieure aux autres monnaies ; on a constaté fréquemment pour cette monnaie privilégiée une prime de 50 0/0 ; certains voyageurs attri-

buent cette prime à l'usage qu'avaient les Chinois de
faire de ces pièces un objet de luxe et de les convertir en
colliers et en bracelets.

Après la guerre de l'Indépendance, la nouvelle République frappa une nouvelle piastre ; cette pièce, où les
armes d'Espagne faisaient place à l'aigle mexicaine,
subit relativement à la Caroline, malgré sa ressemblance
presque absolue avec elle, une perte de 22 0/0. La raison principale de ce discrédit tient aux variations qu'on
observait dans le poids et le titre des nouvelles pièces,
suivant qu'elles sortaient de tel ou tel atelier de frappe
de la République.

La prime relativement à l'argent-lingot demeurait cependant considérable, aussi le gouvernement mexicain
chercha-t-il à saisir une portion du bénéfice que réali-
saient les exportateurs d'argent monnayé en établissant à la sortie un droit de 5 à 8 0/0.

Mais les destinées de la piastre mexicaine ne devaient
pas toujours rester aussi brillantes, de nombreuses mesures contribuèrent, peu à peu, à lui faire perdre la su-
prématie que trois siècles d'usage avaient su lui acquérir
au sein du Céleste Empire ; c'est d'abord, en 1857, la
création par le gouvernement espagnol d'un Hôtel des
monnaies dans les Iles Philippines ; la piastre mexicaine
ne fut pas, il est vrai, démonétisée, mais comme elle se
trouvait en présence d'une nouvelle monnaie, moins
appréciée, la loi de Gresham ne tarda pas à se faire sentir
et la piastre se trouva en peu de temps chassée des îles.

Viollet.   4

Un second événement qui fut peut-être encore plus funeste à la piastre, et dont le gouvernement mexicain est seul responsable, fut la modification apportée à la frappe par la loi de 1867 qui réorganisait le régime monétaire. La nouvelle pièce portait l'indication de la teneur d'argent fin, suivant le système décimal ; il n'en fallait pas davantage pour dérouter les peuples orientaux qui, ne reconnaissant pas les signes auxquels ils étaient habitués, infligèrent à la nouvelle pièce une perte de 3 à 4 0/0 sur sa valeur intrinsèque. On s'aperçut vite de l'erreur commise et le gouvernement reprit la frappe de l'ancienne pièce, ne maintenant la nouvelle frappe que pour la circulation intérieure ; néanmoins ces modifications perpétuelles avaient ébranlé la réputation de la piastre que deux autres événements achevèrent de ruiner.

C'est d'abord la frappe par le Japon d'une monnaie nouvelle, le *yen* ; et ensuite, la détermination prise par les Etats-Unis de frapper une pièce destinée à l'exportation, le *trade-dollar* américain, dans le but avoué de faire concurrence à la piastre mexicaine (1).

Sur ces entrefaites, survint la baisse de l'argent, qui devait entraîner avec elle la baisse de la piastre.

C'est en vain que le gouvernement mexicain essaya

(1) La France avait aussi frappé en 1885, pour sa colonie d'Indo-Chine, une piastre copiée sur le yen japonais et qui eut un certain succès. Enfin, en 1894, l'Angleterre fit frapper à la monnaie de Bombay une nouvelle pièce, le *British-dollar*, destinée à faire concurrence à la piastre mexicaine.

de paralyser les effets de la baisse, en diminuant d'abord, puis en supprimant (1882) les droits à l'exportation de l'argent monnayé.

La piastre était entraînée vers la baisse par un double courant : d'abord la ruine de l'ancienne plus-value dont elle avait joui jadis chez les peuples d'Extrême-Orient, et ensuite la baisse du métal dont elle était composée. Pour donner une idée exacte de la puissance respective de ces deux forces convergentes, nous donnons dans le tableau suivant : d'une part, la baisse de l'argent sur le marché de Londres en égalant à 100 le prix de 1873 que nous prendrons pour base ; d'autre part, la baisse de la piastre calculée sur la même base. Nous verrons que la baisse n'a pas été identique dans les deux cas, et qu'il ressort une différence tantôt en faveur, tantôt en défaveur de la piastre mexicaine.

Années	Cours de l'Argent	Cours de la piastre	Différence
1873	100	101,16	+ 1,16
	98,5	99,48	+ 0,98
1875	95,7	96,54	+ 0,84
	90	93,15	+ 3,15
	92,7	95,11	+ 2,44
	89	perte	— . . .
	86,7	87,42	+ 0,72
1880	88,25	89,06	+ 0,81
	87,5	87,98	+ 0,48
	87,6	87,96	+ 0,36
	85,4	85,75	+ 0,35
	85,7	86,34	+ 0,64
1885	82,2	perte	— . . .
	76,6	77,52	+ 0,92
	75,5	75,69	+ 0,19
	72,25	72,97	+ 0,72
	72,18	73,32	+ 1,14
1890	80,5	perte	— . . .
	76,2	perte	— . . .
	67,25	66,52	— 0,73
	60,25	60,28	+ 0,03
	48,90	50,23	+ 1,33
1895	50,50	52,53	+ 2,03
	52,15	51,41	— 0,74
	46,50	47,47	+ 0,49
	45,60	45,97	+ 0,37
	46,30	46,97	+ 0,67
1900	47,90	48,51	+ 0,61
	46,00	46,67	+ 0,67
	44,50	44,65	+ 0,15

Ce tableau nous montre que la piastre n'a pas suivi d'une façon régulière la baisse de l'argent : tantôt la piastre bénéficie d'une prime assez forte, comme en 1876, 1877, 1889, 1895, tantôt elle subit une perte sur sa valeur intrinsèque, comme dans les années 1878, 1885, 1890, 1891 (1), 1892, 1896.

Néanmoins, la baisse de la piastre suit de très près la baisse de l'argent ; c'est d'ailleurs seulement ce parallélisme général entre la valeur de la piastre et la valeur de l'argent qui nous intéresse. Si nous avions entrepris une étude sur le change du Mexique, nous devrions tenir compte de tous les éléments qui concourent à fixer le change. Certes la baisse de l'argent resterait la partie principale du problème, puisque son influence entre dans le résultat final pour une proportion qui varie entre 96,60 et 99,67 0/0 ; mais il faudrait encore analyser et discuter les multiples éléments qui entrent dans la composition de la petite fraction complémentaire. Cet examen présenterait les mêmes difficultés que l'examen du change entre deux pays usant de la même monnaie. Il faudrait envisager tout à la fois la balance des comptes, qui ne se confond pas, surtout dans les pays dont l'état économique est avancé, avec la balance du commerce,

---

(1) Les documents statistiques dont nous avons fait usage pour établir ce tableau (Cosasus, *Question de l'argent au Mexique*, Paris, 1892, p. 34 ; *Datos para el estudio de la cuestion monetaria*, p. 8), ne nous ont pas permis d'évaluer la perte correspondant à ces années.

le taux de l'escompte dans chaque pays, l'état du crédit et la circulation fiduciaire (1).

Outre que cet examen présenterait en tout état de cause de très grandes difficultés, on risquerait, en ce qui concerne le Mexique, de n'aboutir à aucun résultat satisfaisant parce que la piastre mexicaine est soumise à des influences qui échappent entièrement à l'analyse scientifique. Nous avons vu quel rôle elle a joué et elle joue encore chez les peuples d'Extrême-Orient ; or, ces populations semblent apprécier les monnaies dont elles se servent, bien plutôt d'après leurs caprices que d'après les règles générales de l'offre et de la demande. Nous avons constaté pour la piastre des primes de 20, 30, 50 0/0 sur sa valeur intrinsèque ; or, il serait difficile de trouver dans les règles normales l'explication d'un tel phénomène, et nous savons que les voyageurs expliquent cette plus-value par ce fait que les Chinois avaient transformé la piastre caroline en un objet de luxe. Depuis 1873, pour les motifs que nous avons vus, le crédit dont jouissait la piastre a beaucoup baissé, et sa valeur a tendu sans cesse à se rapprocher de la valeur de l'argent, s'abaissant même, à certaines époques, au-dessous de son niveau.

Quoi qu'il en soit nous n'avons pas à nous occuper des variations de la piastre dues à des causes extrinsèques ;

(1) Voir sur les éléments qui entrent dans la composition du change : Goschen, *Théorie des changes étrangers*, traduction française, par M. Léon Say, 4e édition, p. 121.

nous n'avons qu'à nous occuper des variations qu'elle a subies dans sa valeur interne, et ce n'est que subsidiairement, pour nous rendre compte de l'opportunité de la réforme monétaire, que nous aurons à voir si la légère prime de la piastre sur sa valeur métallique cache un afflux d'or.

Nous allons passer en revue dans différents chapitres les effets de la baisse de l'argent sur l'agriculture, l'industrie, les transports, le commerce et les classes ouvrières ; au cours de cette étude nous retrouverons l'application des principes analysés dans notre introduction.

Nous verrons que, lorsque deux pays, dont l'un possède une monnaie dépréciée, commercent entre eux, la dépréciation de la monnaie forme, pour le pays qui en est pourvu, comme une barrière de douane, dont l'effet est de provoquer une hausse générale des prix, hausse qui finit par atteindre même les éléments les moins sujets à variations, comme l'impôt, les tarifs de transport, les salaires des classes ouvrières. Mais cette pénétration de la dépréciation de la monnaie est loin d'être régulière : elle est plus ou moins rapide suivant le milieu qu'elle rencontre, et avant que l'équilibre ne soit rétabli entre la nouvelle valeur de la monnaie et le prix des choses, les troubles économiques se seront accumulés, semant avec eux, ici la ruine, là la prospérité.

D'ailleurs, bien des circonstances diverses peuvent entraver les effets de la baisse de l'argent : une baisse des prix en or, une diminution des tarifs de douane, une élévation du coût de production peuvent annihiler les avantages que les producteurs étaient en droit d'attendre de la hausse des prix.

Ces circonstances mises à part, la hausse du change est, indubitablement, pour toute une catégorie de producteurs, un stimulant puissant, mais elle est aussi la cause de souffrances trop souvent passées sous silence ; de plus, l'élévation du change est un état précaire qui peut subitement disparaître par le relèvement des prix de l'argent ; la production nationale devra alors restituer, au prix de cataclysmes douloureux, tous les bénéfices que la baisse de l'argent lui avait procurés ; l'industrie, qui s'était aiguillée dans telle ou telle voie pour profiter du change, devra abandonner ses positions devenues par le relèvement du cours de l'argent les positions les plus exposées et les plus dangereuses.

Le progrès économique d'un pays ne peut s'étayer avec solidité sur une base aussi aléatoire que la baisse d'un métal, il ne peut résulter que de causes intrinsèques comme la diminution du coût de production et l'abondance des capitaux disponibles.

Ce sont là des règles inflexibles auxquelles le Mexique n'a pu échapper.

CHAPITRE III

LA BAISSE DE LA PIASTRE ET L'AGRICULTURE

Effets heureux de la baisse de la piastre sur l'agriculture, la propriété rurale et la propriété urbaine : la hausse des prix. —
Autres causes de ce phénomène. — Effets malheureux de la
baisse de la piastre ; cherté des transports, du machinisme et des
capitaux.

Comme nous avons pu nous en rendre compte par
notre rapide aperçu des ressources naturelles du
Mexique, l'agriculture y joue un rôle prépondérant ;
il n'est donc pas étonnant que la baisse de l'argent ait
exercé dès le début son action sur les produits agricoles.
D'ailleurs, dans toutes les discussions sur les questions
monétaires, l'agriculture a toujours tenu une place importante, et il n'est pas rare de voir dans les débats, les
agriculteurs prendre avec passion la défense du bimétallisme ou même des changes dépréciés, parce qu'ils y
voient la raison de la hausse des prix et qu'au contraire
les crises agricoles dans les pays à monnaies d'or leur
semblent découler de la trop grande appréciation de l'or.

Voyons ce qu'il y a de fondé dans cette théorie, en ce qui concerne le Mexique.

Les produits agricoles destinés à l'exportation ont été les premiers à éprouver les effets de la hausse du change. Sous l'influence de la hausse des prix, les exportations se sont constamment développées, tant en quantités qu'en valeurs. Il semble même que ce développement ait suivi de façon régulière la baisse de l'argent, avec cependant quelques oscillations qu'on peut attribuer aux variations des prix en or.

Parmi ces produits, le hennequen en branche est de beaucoup le plus intéressant à considérer car à lui seul il représente le tiers de la valeur des exportations totales, les métaux précieux mis à part. En effet, en 1882-83, il a été exporté 28.763.307 kgs de hennequen représentant une valeur de 3.073.960 piastres d'argent ou de 2.748.120 dollars-or.

En 1901-02, l'exportation a atteint 91.014.355 kgs représentant une valeur de 29.209.515 piastres d'argent ou de 12.881.396 dollars-or (1).

Il résulte de ces données que le prix en argent de l'unité exportée est passé de 10,7 à 31,8 centavos, soit un accroissement de 200 0/0, tandis que le prix en or de la même unité n'est passé que de 9,6 à 14 cents, soit un accroissement de 45 0/0.

Cette élévation du prix en argent du hennequen a

(1) *Datos estadísticos para el estudio de la cuestión monetaria,* Mexico, 1902, *Estado* num. 9.

certainement eu pour cause principale la hausse des
changes, mais il est à noter que tandis que le change
sur New-York doublait, le prix en argent du hennequen
triplait. C'est là un phénomène sur lequel nous aurons
à revenir quand nous étudierons les effets de l'instabilité
du change ; retenons seulement pour le moment que,
sous l'influence de la hausse du change, le prix en argent
du hennequen a considérablement augmenté. Cette constatation nous explique le développement de l'exportation
du hennequen qui a plus que triplé en 19 ans.

La hausse du change a donc été pour la production de
cet article un stimulant puissant.

Quant aux autres produits d'exportation, les quantités
exportées sont trop faibles pour qu'on puisse tirer de
leur accroissement des conclusions quelconques sur les
progrès de l'agriculture. Le développement de la culture
du caoutchouc est cependant à noter : Entre 1890 et
1902, son exportation a doublé ; mais ce résultat est dû
beaucoup plus à l'accroissement de la demande et à la
hausse du prix en or qui en est résultée, qu'à la hausse
du change.

Si nous passons maintenant aux produits destinés tant
à l'exportation qu'à la consommation intérieure, nous
constaterons que la hausse du change s'est fait sentir,
soit en accroissant les exportations, soit en rendant
exportables des produits qui ne l'étaient pas.

Mais la baisse de l'argent n'a pas agi d'une manière
uniforme ; pour chaque produit, son influence a été

secondée au contraire par des circonstances particulières.

Si nous examinons, par exemple, l'exportation du
café, nous constatons qu'elle est passée, entre 1882 et
1902 (1), de 10.447.804 kgs à 22.203.219 kgs, sa valeur
en piastres d'argent passant de 2.414.538 à 10.228.858
et sa valeur en dollars de 2.158.596 à 4.510.926. Le
prix en or du kilogramme exporté est donc resté stationnaire alors que son prix en argent doublait exactement, passant de 23 à 46 centavos.

L'influence du change est manifeste : les prix en
argent ont suivi pas à pas ce dernier dans sa marche
vers la hausse ; et le gain chaque jour plus considérable
réalisé par les producteurs les a encouragés à développer
leur production.

L'étude de l'exportation des céréales, des fruits, des
pois chiches et des peaux non tannées, dont les quantités
exportées ont doublé entre 1892 et 1902, nous amènerait
aux mêmes conclusions.

Mais pour ce qui est du bétail dont l'exportation a
sextuplé dans le même temps, la hausse du change n'a
joué qu'un rôle secondaire. Ce développement est dû
presque exclusivement aux guerres de Cuba, du Vene-
zuela et de la Colombie.

Il faut tenir compte aussi de ce que la concurrence en
Europe et aux Etats-Unis devient chaque jour plus

(1) *Datos estadísticos para el estudio de la cuestión monetaria, estado*
num. 8.

faible par ce fait que les terres jusqu'ici consacrées au pâturage sont peu à peu transformées en terres de labour.

La baisse de l'argent n'a pas préservé la vanille véra-cruzaine de la concurrence des produits des îles Bourbon et Java ; et son exportation n'a cessé de décroître : elle a perdu 27 0/0 entre 1892 et 1902. L'exportation du tabac est restée stationnaire, malgré les efforts tentés au Mexique pour favoriser sa culture.

Restent les produits exclusivement destinés à la con-sommation intérieure. Nous constatons, là encore, à quelques rares exceptions près, un accroissement de la production dû à la hausse des prix. Le blé valait, avant la dépréciation de l'argent, de 6 à 8 piastres, *la carga* ; aujourd'hui il vaut de 15 à 18 piastres ; le maïs, l'orge sont montés dans la même proportion.

La dépréciation de la monnaie s'est fait sentir ici presque en même temps que dans les relations exté-rieures, parce que les produits de l'agriculture, quoique destinés à des usages différents, sont, dans une certaine mesure, solidaires les uns des autres.

Ainsi, qu'il s'agisse de produits d'exportation, de pro-duits de consommation intérieure ou de produits mixtes, on constate partout une hausse sensible des prix. La baisse de l'argent a joué dans ce fait un rôle certaine-ment important, mais il ne faut pas oublier que la paix publique dont jouit le pays depuis des années a contribué puissamment à étendre le cercle des affaires, à en aug-menter le volume, à développer la richesse nationale ; si bien qu'on peut affirmer que, indépendamment de la hausse des changes, les prix auraient augmenté, dans une proportion sans doute moins forte, mais encore appréciable.

Parmi les causes moins générales de la hausse des prix, il faut signaler les mauvaises récoltes dues à l'irrégularité des pluies ; cette cause est loin de pouvoir être considérée comme un élément de prospérité pour le pays, elle risque cependant de prendre de plus en plus d'importance, en raison du déboisement chaque jour plus considérable des plateaux.

La hausse générale des prix en agriculture ne devait pas rester sans influence sur la valeur des terres. La dépréciation de la monnaie pénètre ainsi par bonds successifs dans l'économie interne du pays.

Mais bien d'autres causes ont contribué à la hausse des terrains. La création des chemins de fer y a aidé puissamment en rapprochant les lieux de culture des centres de consommation et en rendant possible l'exploitation de terres que l'éloignement condamnait jusque-là à rester en friche. L'achat par de grandes compagnies de vastes territoires, soit dans les terres chaudes, soit sur les plateaux forestiers, a été la cause déterminante de la hausse dans certains États.

La valeur des terres n'a pas suivi partout la même marche ascendante, on constate même dans certains États des moins-values importantes (1), mais ce sont là

(1) Il en est ainsi dans les États de Colima, de Guanahuato, de Mexico, de Oaxaca et de Queretaro.

des cas trop exceptionnels pour influer sur la moyenne.

Dans la période 1863-1903, on constate pour les terres non cultivées, cédées par le Gouvernement fédéral, un accroissement moyen de 38 0/0 : la valeur de l'hectare étant passée dans ces 20 ans de 1 piastre 58 centavos à 2 piastres 18 centavos (1).

Les terres cultivées ont dû, sans nul doute, augmenter de valeur dans une plus forte proportion, mais l'absence de statistique empêche toute précision à cet égard.

L'investigation relativement à la propriété urbaine présente les mêmes difficultés.

La quatrième sous-commission monétaire a limité ses études à la ville de Mexico dont le progrès a suivi la même marche que les autres centres de population de la République ; parmi les causes multiples de cet enchérissement, elle place au premier rang l'accroissement de la population et la plus grande cherté de la vie.

La Direction générale des contributions directes a dressé, pour la décade 1891-1901, un tableau qui montre la plus-value des propriétés et l'élévation du taux des loyers (2).

Dans l'exercice 1891-1892, la moyenne des valeurs déclarées était de 11.050 piastres ; en 1900-1901, elle atteint

(1) *Comision monetaria ; acta* num. 8, pp. 84, 85.
(2) Ce tableau a été établi d'après les loyers qui servent de base à l'impôt fédéral ; quant à la valeur des propriétés, ce sont celles déclarées par les titulaires de créances hypothécaires. *Datos sobre rentas de fincas urbanas en la ciudad de Mexico ;* Mexico, 1903.

15.200 piastres, accusant un accroissement de 38 0/0.

La moyenne des loyers était, en 1891-1892, de 1.135 piastres ; en 1900-1901, elle est de 1.400 piastres, avec un accroissement de 23 0/0.

Il est difficile de savoir si la baisse de l'argent a été pour quelque chose dans cette plus-value ; certes on peut concevoir que la dépréciation de la monnaie ayant fait monter les prix des denrées et des matières premières, les loyers aient suivi la même marche ascendante que le coût général de la vie, mais ce raisonnement semble bien faible quand on analyse de près l'augmentation de population de Mexico.

On a construit à Mexico, en 1900, 223 maisons, en 1901 : 362, en 1902 : 425 (1) ; si l'on considère que chaque nouvelle construction peut recevoir en moyenne 20 habitants, on trouve que la ville de Mexico s'est accrue annuellement de façon à recevoir 6.700 habitants ; or, les statistiques accusent pendant cette même période un accroissement annuel de 8.000 habitants.

Il faut donc en conclure que la population s'est accrue plus vite que les habitations, que la demande a été plus considérable que l'offre et qu'il en est résulté une hausse des prix des loyers.

On le voit, bien des raisons diverses peuvent être invoquées pour expliquer la plus-value des propriétés

(1) *Datos para el estudio de la cuestion monetaria.*

urbaines, et l'argument qu'on pourrait tirer de ce fait, pour ou contre la dépréciation de la monnaie, n'aurait pas grande valeur.

Même en ce qui concerne l'agriculture proprement dite, où l'influence de la baisse de l'argent se fait beaucoup plus nettement sentir, on découvrirait peut-être par un examen attentif bien des entraves, bien des obstacles découlant de la baisse de l'argent, et qui ont, dans une certaine mesure, annulé les effets heureux que nous avons constatés.

L'élévation des tarifs de chemins de fer, entre autres choses, a beaucoup gêné le développement de l'agriculture.

La Société agricole mexicaine a, à maintes reprises, demandé une réduction des tarifs ; mais elle s'est toujours butée aux protestations des Compagnies, qui, subissant toute la perte du change — puisque leurs dettes se trouvaient souscrites en or alors que leurs recettes se faisaient en argent — sollicitaient du Gouvernement le droit d'élever encore leurs tarifs proportionnellement à la baisse de l'argent.

Les choses en arrivèrent à un tel point que, dit M. Garcia Granados, « les agriculteurs sont revenus à l'usage des charrettes et des bêtes de somme pour le transport de leurs produits ; et, chose à peine croyable, ces véhicules et ces quadrupèdes luttèrent avantageusement avec les chemins de fer » (1).

(1) *El credito agricola y la reforma monetaria* : Estudio présentado
Viollet.   5

Ces difficultés de transport tendent, sans contredit, à resserrer le marché des produits et à empêcher le libre développement de l'agriculture.

Un autre obstacle non moins grave résulte de la cherté des machines agricoles et des engrais chimiques que l'agriculteur est obligé d'importer, s'il veut passer de la culture intensive à la culture extensive.

Il faut citer encore, comme une des entraves au développement de l'agriculture, la cherté du crédit : « Notre agriculture, dit M. Garcia Granados, pour sortir de l'état de prostration dans lequel elle se trouve, a besoin de nombreux capitaux prêtés à bas intérêt et à longs termes ; ces capitaux ne se trouvent pas dans le pays, car les quelques capitalistes qui prêtent sur hypothèque le font à un intérêt élevé et à terme relativement court. Telle est la raison pour laquelle les établissements qui se sont livrés à cette sorte d'opérations n'ont pu prospérer. »

La banque hypothécaire mexicaine n'a pu mettre en circulation qu'une petite quantité de ses bons, quoiqu'ils fussent émis au-dessous du pair et avec un intérêt de 6 0/0.

Les banques hypothécaires d'Europe émettent des emprunts à 3, 3 1/2, 4 0/0 au plus ; et ces valeurs trouvent le meilleur accueil auprès des capitalistes.

à la *Sociedad Agricola mexicana* con motivo de sus conferencias sobre la reforma monetaria.

On ne pourra obtenir au Mexique un crédit suffisant et avantageux pour l'agriculture du pays, qu'en faisant appel aux Bourses européennes ; or, avec les oscillations continuelles de la monnaie d'argent, on ne peut compter sur l'appui des capitaux étrangers, si on leur offre une rémunération en monnaie mexicaine. Le paiement des intérêts et le remboursement des capitaux doivent être stipulés en or, mais l'établissement qui assumerait une telle charge, alors que ses recettes se feraient en argent, serait infailliblement acculé à la ruine.

En définitive, et après ce rapide examen des éléments du problème, il est bien difficile de formuler un jugement net sur l'influence de la baisse de l'argent relativement à l'agriculture et à la propriété ; et nous ne saurions mieux faire, pour conclure, que de citer les paroles de M. Garcia Granados, parlant au nom de la Société agricole mexicaine :

« Je termine en énonçant les principes que j'ai été amené à considérer comme opportuns, au moment où la question monétaire est à l'ordre du jour : capitaux abondants, méthode de culture perfectionnée, frais modiques !

« Telles sont les conditions indispensables sans lesquelles l'agriculture ne saurait s'engager dans la voie de la prospérité.

« Or, aucune de ces conditions ne pourra être réalisée tant que nous nous obstinerons à rester isolés, au point de vue économique, du monde civilisé, par suite de la libre frappe du métal blanc.

« La Société agricole mexicaine doit, en conséquence, émettre un vote en faveur d'une réforme monétaire, qui assurera à notre piastre une valeur fixe et invariable relativement à l'or. »

CHAPITRE IV

LA BAISSE DE LA PIASTRE ET L'INDUSTRIE

Effets heureux de la baisse de la piastre sur l'Industrie : protection
et hausse des prix. — Effets malheureux : Hausse des matières
premières et du matériel. — L'industrie des chemins de fer : sa
situation précaire. — L'immigration des capitaux. — L'Immigration des travailleurs.

L'industrie manufacturière n'a pas encore atteint un
degré très élevé de développement. Les raisons de cet
état de choses sont multiples. La principale est que le
Mexique, malgré son histoire déjà longue, est encore un
pays neuf, qui manque de bras et de capitaux. L'avène-
ment du stade industriel a été aussi retardé par des circonstances naturelles qui resteront toujours pour le
Mexique une cause d'infériorité : les matières premières
comme les différents métaux industriels y sont peu abondants et, par suite, d'un prix élevé ; le combustible mi-
néral fait presque complètement défaut.

Le Gouvernement mexicain a cru devoir, pour toutes

ces raisons, venir en aide aux industries nationales en établissant des droits élevés sur les articles étrangers ; or, la baisse de la piastre a eu pour effet certain d'augmenter ces droits de 100 à 150 0/0, et par suite de donner une plus grande marge de bénéfices.

Nous allons essayer de dégager par des faits et des exemples, les résultats de cette double protection. Nous verrons ensuite si d'autres considérations ne viennent pas détruire en partie nos premières conclusions.

Etant donné que l'influence de la baisse de l'argent se manifeste d'abord et surtout sur les transactions extérieures et que ce sont les prix d'importation qui s'élèvent les premiers sous l'action de la dépréciation de la monnaie, il semblerait rationnel d'étudier les différentes industries dans l'ordre suivant :

1° Industries qui emploient exclusivement des matières premières nationales.

2° Industries qui emploient simultanément des matières premières nationales et étrangères ;

3° Industries qui emploient exclusivement des matières étrangères.

On devrait logiquement, en suivant cet ordre, constater une progression décroissante dans les résultats obtenus.

Les industries qui emploient exclusivement des matières premières nationales, se trouvent dans une situation exceptionnelle puisqu'elles jouissent pour leurs produits de la protection du change, alors que le prix de leurs matières premières est resté au même niveau ; mais, en fait, ces industries sont extrêmement rares et peu importantes.

Les industries qui emploient à la fois des matières premières nationales et étrangères ne bénéficient de la protection que dans une mesure moindre puisque, pour une part plus ou moins importante, la protection se retourne contre le producteur, en augmentant le prix de sa matière première.

Enfin, les industries employant exclusivement des matières premières étrangères ne retirent aucun bénéfice de la hausse du change, puisque leur prix de revient se trouve augmenté dans la même mesure que la protection dont ils jouissent.

En réalité, cette distinction n'existe guère dans la pratique, parce que la grosse masse des industries se trouve comprise dans la seconde catégorie, et que toutes les industries, quelles qu'elles soient, profitent également d'une autre conséquence de la baisse de l'argent que nous aurons à examiner plus tard, à savoir : le fait que la main-d'œuvre est payée en monnaie dépréciée sans que les salaires aient subi pour cela une hausse sensible.

En réalité, on constate, particulièrement depuis douze ans, une hausse considérable des prix des produits industriels ; à tel point que la quatrième sous-commission monétaire a pu dire que les prix ont été régis par l'élévation du change sur l'étranger : « que han quedado gobernados por el alza de los cambios sobre el extrangero ».

La conséquence normale de cette hausse a été l'augmentation du nombre des fabriques et le développement de celles déjà existantes.

Quelques chiffres (1) relatifs à l'industrie de filature et de tissage du coton, qui est, de toutes les industries, celle qui s'est le plus développée dans ces dernières années, fournissent des indications précieuses.

Entre 1898 et 1902 le nombre des fabriques est passé de 118 à 155, accusant un accroissement de 31 0/0.

Le nombre de broches s'est augmenté de 22 0/0.

Le nombre de métiers est passé de 14.044 à 18.222, avec un accroissement de 30 0/0.

Le nombre des machines à estamper s'est accru de 22 0/0.

Le total des ventes enregistrées est passé de 20.026.868 piastres à 33.877.214 piastres entre 1898 et 1901 : s'accroissant ainsi de 13 0/0.

En 1902, il y a une régression de 15 0/0 due à l'excès de production des années précédentes.

Au point de vue de la technique industrielle, l'industrie cotonnière est celle qui a fait les progrès les plus rapides. Les fabriques anciennes se sont complètement transformées et les nouvelles ont adopté la plupart des perfectionnements pratiqués en Europe et aux Etats-

(1) Comision monetaria, *acta* num. 5, pp. 74, 75.

Unis. En 1898, il n'y avait que 41 broches sur 100 qui fussent établies avec le machinisme moderne; aujourd'hui il y en a 73 sur 100.

Le Mexique importe des Etats-Unis à peu près la moitié du coton qu'il transforme, mais malgré cette cause d'élévation du prix, l'industrie cotonnière a joui, grâce à la hausse des changes, d'une protection suffisante pour écarter complètement la concurrence étrangère et se rendre maîtresse absolue du marché national. Une crise de surproduction survenue en 1902 amena une chute des prix, mais bien vite la consommation se retrouva au niveau de la production, qu'une nouvelle réglementation sur le travail de nuit avait légèrement diminuée.

Les progrès réalisés dans l'industrie lainière sont aussi considérables. En dix ans, la production s'est augmentée de 70 0/0.

L'industrie de la brasserie s'est pour ainsi dire créée dans ces dernières années.

En revanche, les tanneries, nouvellement installées, n'ont donné jusqu'ici que des résultats insuffisants.

Si nous passons à l'industrie minière — abstraction faite de l'industrie de l'argent que nous examinerons plus tard — nous constatons là encore un progrès rapide exclusivement dû à la hausse du change; le prix en piastres des métaux autres que l'argent, s'est élevé proportionnellement au change : il en est résulté un développement considérable des exportations. En 1891-92, il était exporté pour 1.185.071 piastres d'or sous diverses formes.

En 1901-02, la valeur de l'exportation de l'or était dix-huit fois plus forte.

L'exportation du cuivre représentait, en 1891-92, 870.370 piastres ; en 1900-01, elle a plus que décuplé.

Dans le même temps, l'exportation du plomb a doublé (1).

La protection résultant, pour l'industrie mexicaine de la hausse du change a été, cependant, en partie contrebalancée par un phénomène qui s'est manifesté avec une grande intensité dans les pays à étalon d'or : la diminution du coût de production. Cela tient sans nul doute au progrès de la technique industrielle et aux procédés nouveaux qui permettent d'augmenter considérablement la production, tout en réduisant le prix de revient.

Cette évolution de l'industrie a été générale, mais elle a été plus forte aux États-Unis et en Europe qu'au Mexique où la rareté des capitaux rend difficile le renouvellement du matériel industriel.

Les pays à étalon d'or ont donc trouvé là un avantage sérieux, pour lutter contre la protection dont jouissait le Mexique, par la dépréciation de sa monnaie.

Indépendamment des raisons purement économiques

(1) *Datos estadísticos para el estudio de la cuestion monetaria ; Estado* num. 4.

qui ont pu restreindre les bénéfices résultant du change, on peut signaler quelques effets de la baisse de l'argent, qui, loin d'être des facteurs du progrès industriel du Mexique, en ont été des obstacles puissants.

En premier lieu il faut signaler la cherté du matériel et du machinisme que le Mexique est obligé d'importer des Etats-Unis ou de l'Angleterre. Leurs prix se sont élevés proportionnellement aux changes et par suite les industries nouvelles ont dû se constituer avec un capital très élevé dont les charges grevaient l'exploitation. Quant aux industries anciennes, elles n'ont pu renouveler leur matériel que moyennant de très gros sacrifices qui les ont mises en fâcheuse situation vis-à-vis des industries similaires des autres pays.

Un autre effet du change, qui a dû contribuer d'une façon active à faire pénétrer la dépréciation de la monnaie à l'intérieur, et, par suite, à diminuer les bénéfices résultant de la hausse du change, a été l'élévation du prix des matières premières.

Le prix du charbon a été complètement régi par la baisse de l'argent ; or, comme le charbon entre pour une forte part dans le coût de production de la grande majorité des articles industriels, les industries ont vu, dans bien des cas, s'élever leurs frais de fabrication en même temps que s'élevaient leurs prix de vente.

L'industrie métallurgique a été la première à souffrir de cette hausse.

L'industrie minière est affectée de la même façon par

le prix du matériel d'extraction, de desséchement, de perforation ; par l'élévation du prix de la dyna-mite.

L'industrie de filature et de tissage du coton et de la laine souffre de la hausse de ces matières, ainsi que de celle du machinisme, des couleurs et acides pour teindre et estamper.

Les industries chimiques sont affectées par la hausse de l'acide sulfurique.

Somme toute, la dépréciation de la monnaie agit comme un tarif aveugle qui frapperait tout ce qui passe la frontière, sans distinguer les produits manufacturés des matières premières et des instruments de produc-tion.

Quand on jette les yeux sur les tarifs édictés par les Pouvoirs publics, on est frappé, au contraire, du soin avec lequel le législateur dose les tarifs pour chaque ar-ticle, prohibant les uns, favorisant les autres. Or, si les discussions restent toujours ouvertes sur la valeur de ces tarifs comme stimulants de l'économie nationale, à plus forte raison doit-on se défier d'un tarif uniforme et uni-versel.

Le Gouvernement mexicain a essayé de remédier à ces inconvénients en supprimant les droits d'importation sur le machinisme, en favorisant le transport de char-bon par des réductions de tarif, en prenant des mesures susceptibles de favoriser l'utilisation des chutes d'eau, comme génératrices de forces.

La quatrième sous-commission (1) signale parmi les causes indépendantes du change, qui ont favorisé le développement industriel de la République, la construction des chemins de fer et elle fonde son affirmation sur le raisonnement suivant : « La construction des chemins de fer a non seulement diminué le coût des transports, que payaient auparavant les matières premières, mais encore elle a centuplé la consommation en rapprochant les centres consommateurs des centres producteurs, en permettant aux produits des fabriques d'atteindre tous les centres de population de la République. »

Certes, les chemins de fer ont contribué au **progrès** économique du pays, mais ils auraient été une aide bien plus efficace, un stimulant bien plus énergique, si leur action n'avait pas été entravée, comme nous allons le voir, par la baisse continue de l'argent.

L'industrie des chemins de fer au Mexique est minutieusement réglementée par les Pouvoirs publics ; les conditions de son exploitation ne sont pas établies d'après les circonstances économiques, mais grâce à des mesures factices, dont la rigidité s'accorde mal avec la mobilité des faits.

Ce caractère arbitraire de l'industrie du transport est une des raisons principales pour lesquelles cette industrie fait exception dans l'ensemble du progrès industriel du pays ; l'autre raison est que le change aggravait sans cesse les charges des compagnies.

(1) *Acta* num. 8, p. 78.

D'une part, le Gouvernement, en retour des subventions en argent octroyées aux compagnies, pour la construction des voies, s'était donné un droit de contrôle et d'homologation des tarifs ; il avait stipulé que les tarifs ne pourraient excéder les chiffres fixés dans les concessions ; par suite, les compagnies se trouvaient dans l'impossibilité d'élever leurs prix au fur et à mesure que la monnaie se dépréciait, comme pouvaient le faire toutes les industries libres.

D'autre part, les compagnies étaient les premières atteintes par la dépréciation de l'argent, parce que leur organisation financière et la nature même de leur premier établissement les obligeaient à faire des remises considérables en or.

En effet, les chemins de fer ont tous été construits avec des capitaux étrangers dont la rémunération était stipulée en or ; et de plus, tout le matériel a dû être importé des États-Unis, ainsi que le combustible nécessaire à l'exploitation.

Les compagnies se trouvaient dans cette situation cruelle, qu'elles voyaient leurs recettes effectuées en monnaie dépréciée rester stationnaires, alors que leurs charges financières et leurs dépenses d'exploitation s'augmentaient sans cesse par suite de la hausse continue des changes.

Sans doute, le progrès industriel et agricole, en augmentant la masse des produits à transporter a augmenté les recettes brutes des compagnies et leur a permis de diminuer leur coefficient d'exploitation, mais ce gain n'a pas compensé la perte du change. Une élévation des tarifs, proportionnelle à la hausse du change, aurait pu, seule, maintenir la balance égale entre les recettes en argent et les dettes en or.

La quatrième sous-commission monétaire a étudié spécialement, pour donner une idée de la situation des transports terrestres, six des principales compagnies : le *Central*, le *National*, l'*International*, le *Mexicain*, l'*Interocéanique* et le *Mexicain du Sud*.

Ces six compagnies ont vu s'augmenter d'une façon considérable leurs recettes brutes en monnaie mexicaine pendant la période 1893-1901.

Central,	accroissement . . .	116 %
National,	» . . .	86 »
International,	» . . .	190 »
Interocéanique,	» . . .	107 »
Mexicain du Sud,	» . . .	98 »
Mexicain,	diminution . . .	20 »

On le voit, toutes les compagnies, sauf le *Mexicain*, ont doublé leurs recettes brutes. L'exception relative au *Mexicain* provient de la concurrence faite à ce chemin de fer dans le trafic du port de Vera-Cruz par l'*Interocéanique*.

Cette augmentation des recettes brutes correspond à une augmentation proportionnelle des recettes nettes en monnaie mexicaine, ce qui prouve que, sans l'influence du change, l'exploitation des chemins de fer aurait donné des résultats excellents.

Ceci est d'autant plus frappant que les recettes nettes ont augmenté malgré la cherté du combustible, du fer et de l'acier, qui, étant importés, subissent toute la charge du change.

L'accroissement des recettes nettes entre 1803 et 1901, en piastres mexicaines, a été le suivant :

Central,	accroissement . . .	70 %
National	» . . .	130 »
International,	» . . .	105 »
Interocéanique,	» . . .	150 »
Mexicain du Sud,	» . . .	900 »
Mexicain,	diminution . . .	31 »

Le *Mexicain* mis à part, ainsi que le *Mexicain du Sud,* trop nouvellement créé, les quatre autres compagnies accusent ensemble un accroissement moyen de 67 0/0, soit un accroissement moyen annuel de 6,8 0/0.

C'est là une progression plus que satisfaisante qui montre avec quelle rapidité le trafic s'est développé.

Mais ces indications ne renseignent pas sur la situation financière des compagnies, qui ne peut être appréciée qu'en évaluant en or leurs recettes nettes, puisque c'est en or qu'elles ont à faire le service de leur capital obligations et actions ; il faut de plus rapporter à l'unité de longueur, le mille, le chiffre des recettes nettes, si l'on veut se rendre compte de la situation, car les charges financières sont proportionnelles à la longueur du réseau.

Le tableau suivant met en regard l'accroissement entre 1892 et 1902 des recettes nettes par mille, exprimées en piastres mexicaines, et l'accroissement des recettes nettes par mille, exprimées en or (1).

		Piastres		Dollars
Interocéanique,	accrois.	100 %	accrois.	38 %
International,	»	60 »	»	14 »
Mexicain du Sud,	»	600 »	»	330 »
National,	»	100 »	»	47 »
Central,	diminut.	10 »	diminut.	31 »
Mexicain,	»	17 »	»	49 »

Ce tableau d'ensemble est déjà assez significatif par lui-même : Il montre dans quelle proportion le change a influé sur les recettes nettes pendant cette période décennale.

Mais si nous entrions dans le détail des années, nous constaterions que depuis 1899 les recettes nettes en or ont sans cesse diminué et dans une proportion relativement forte.

En fait, le *Mexicain du Sud* est la seule compagnie qui serve des dividendes à ses actionnaires.

Le *Mexicain central* n'arrive même pas à faire le service de ses obligations.

(1) Ce tableau a été dressé grâce aux données statistiques de M. D. Jaime Gurza. Appendice « al dictamen de la cuarta subcomision », *acta* num. 5, p. 99.

Viollet.   6

Ces différentes constatations nous amènent à cette conclusion :

Le trafic des chemins de fer mexicains a suivi une progression des plus rapides correspondant au progrès économique du pays ; mais leur situation financière, loin de prospérer, s'est empirée parce que, tandis que la hausse du change aggravait leurs charges, il leur était impossible d'élever d'une façon correspondante leurs tarifs.

Encore cette dernière assertion n'est-elle pas absolument exacte.

En effet, les compagnies, dès le moment où la baisse de l'argent vint aggraver leurs charges, ne cessèrent de réclamer du Gouvernement l'autorisation d'élever proportionnellement leurs tarifs. Le Gouvernement se fit d'autant plus prier que, à l'origine, les tarifs mexicains avaient été fixés à un taux supérieur aux tarifs des Etats-Unis ; on craignait aussi que l'élévation des tarifs ne contribuât à faire pénétrer à l'intérieur du pays la dépréciation dont était atteinte la piastre à l'extérieur et à diminuer ainsi les avantages que l'on croyait découler de ce déséquilibre. En effet, l'élévation des frais de transports augmente le prix de revient et, par suite, diminue les bénéfices résultant de la hausse du change.

Néamoins, en 1902, lors de la grande baisse de l'argent, le Gouvernement autorisa une élévation des tarifs(1). Nous avons vu à quel point cette mesure avait

(1) Les compagnies obtinrent le droit d'élever leurs tarifs

porté le trouble dans l'économie du pays. C'est cependant cette hausse seule qui a préservé les compagnies de la ruine ; sans elle, il est certain que leurs disponibilités en or auraient décliné beaucoup plus vite, et que la défiance des capitalistes américains et anglais eût infligé à leurs titres une baisse dont ils auraient eu de la peine à se relever.

Il nous reste, avant de clore ce chapitre relatif à l'industrie, à envisager une double question dont la solution éclairera d'un jour tout nouveau l'influence de la baisse de l'argent sur le progrès industriel et économique du Mexique.

Le Mexique, comme tout pays neuf, ne peut espérer parvenir à un développement économique suffisant, que grâce aux capitaux et à la main-d'œuvre étrangère. C'est seulement avec l'aide de ces deux facteurs qu'il parviendra à tirer tout le parti possible des richesses naturelles dont son sol abonde.

Or, nous allons voir que la baisse de l'argent a été un obstacle chaque jour grandissant à l'immigration des capitaux étrangers comme à celle des travailleurs.

L'investissement des capitaux étrangers peut avoir lieu sous les deux formes suivantes :

1° Investissements directs par les capitalistes étrangers, pour la création d'entreprises agricoles ou industrielles ;

de 15 0/0, tant que le change sur New-York resterait supérieur à 220 0/0.

2° Investissements faits pour le compte des propriétaires mexicains, qui reçoivent les capitaux sous la forme de prêts.

La baisse de l'argent a été également funeste aux deux formes d'investissement : dans le premier cas, elle a nui directement aux capitalistes étrangers et les a ainsi détournés des entreprises mexicaines ; dans le second cas, elle a nui indirectement aux capitalistes étrangers, en mettant les Mexicains dans l'impossibilité de satisfaire à leurs engagements.

Pour expliquer ce phénomène, il faut encore avoir présente à l'esprit la théorie de la dépréciation successive de la monnaie, du déséquilibre entre la valeur intérieure et la valeur extérieure de la monnaie.

Les industries créées avec des capitaux étrangers, étant à la fois en relations avec l'extérieur et avec l'intérieur, sont les victimes de ce déséquilibre.

Ces industries vendent leurs produits   .eur du pays, où la monnaie n'a pas encore subi toute sa dépréciation et où, par conséquent, les prix ont encore peu monté ; en même temps, elles sont débitrices du capital en monnaie saine qu'elles ont reçu de l'étranger ; or, elles ne peuvent s'acquitter de cette dette qu'avec la monnaie qu'elles ont reçue, mais cette monnaie au regard de l'étranger s'est dépréciée bien plus profondément qu'à l'intérieur du pays ; il en faut une bien plus grande quantité pour représenter la même valeur en monnaie d'or.

En un mot, le compte créditeur, sous l'effet de la dépréciation, s'accroît moins vite que le compte débiteur ;
il en résulte une différence qui vient réduire les bénéfices
de l'entreprise et par suite en déprécier la valeur.

Si toute la comptabilité était tenue en argent, on
constaterait, comme nous l'avons vu pour les chemins
de fer, une marche régulière de l'industrie et les dividendes ne dépendraient plus que de la marche des
affaires ; mais le fait pour ces industries d'être débitrices
d'une quantité invariable d'or suffit à transformer leurs
gains en pertes.

En réalité, la presque totalité des entreprises mexicaines a été créée avec des capitaux étrangers. Les Etats-
Unis ont investi au Mexique des capitaux considérables.
Le consul des Etats-Unis à Mexico évalue, en 1903, à
500 millions de dollars, soit plus d'un milliard de piastres,
les placements faits au Mexique par les citoyens nord-
américains, sous la forme d'entreprises de chemins de
fer, de mines, etc.. L'Angleterre a aussi de gros intérêts
au Mexique.

Nous verrons, quand nous étudierons l'élaboration et
l'exécution de la réforme, que les plaintes des étrangers,
et particulièrement des Américains du Nord, n'ont pas été
sans influence sur la décision du ministre des Finances.

Nous devons maintenant examiner l'influence du
change sur la main-d'œuvre.

L'élévation du change a-t-elle été bienfaisante ou
nuisible aux classes travailleuses ? Et, par suite, l'immi-

gration, cet important facteur du progrès économique,
a-t-elle été ou non favorisée?

Les salaires et les journées (*sueldos y jornales*) se sont-
ils élevés, dans toutes les branches de l'industrie nationale,
proportionnellement à l'élévation du change? Le prix
du travail a-t-il suivi la même progression que le prix
des denrées de première nécessité, que le coût de la vie
en général?

Les investigations faites par la quatrième sous-commission monétaire prouvent que les salaires ne se sont
élevés qu'exceptionnellement, qu'ils sont restés en général au même taux qu'avant la dépréciation de la piastre.

Pour ce qui est de l'agriculture, on constate des aug-
mentations de salaires dans les Etats plus spécialement
consacrés à la production des articles d'exportation.
Dans les exploitations de cannes à sucre, les salaires sont
montés de façon appréciable, mais cela tient à ce que
la culture de la canne à sucre nécessite, à un certain
moment de l'année, le concours d'un grand nombre de
travailleurs. Les producteurs ont dû faire des sacrifices
pour se les procurer, étant donnée la pénurie de la main-
d'œuvre.

Les salaires ont été doublés dans l'Etat de Yucatan
qui s'est enrichi en quelques années, grâce aux prix fa-
buleux qu'a atteints la fibre du hennequen.

Ces exceptions mises à part, on peut dire que le travail agricole a été rétribué à peu près sur la même base
qu'avant la dépréciation de l'argent.

En ce qui concerne le travail des mines, on constate une augmentation de 27 0/0 pour le salaire moyen. Cette augmentation est loin de pouvoir entrer en comparaison avec la hausse du change ; et c'est grâce à la modicité de la main-d'œuvre que les compagnies minières ont pu accroître leur production.

Le salaire industriel est resté à peu près stationnaire, si l'on fait abstraction des travaux qui nécessitent de l'intelligence, de l'habileté ou quelques connaissances spéciales.

Pour les traitements des employés des municipalités, des Gouvernements particuliers ou du Gouvernement fédéral, on doit noter une légère augmentation ; mais les employés des établissements particuliers, comme les employés de commerce ou de banque, n'ont pas vu leur sort s'améliorer.

Ainsi, alors que sous l'influence de la dépréciation de la piastre, tous les prix subissaient une hausse plus ou moins accentuée, plus ou moins régulière, mais cependant constante, le prix du travail restait à peu près stationnaire. Tandis que le coût de la vie augmentait dans une proportion considérable, l'ouvrier recevait toujours la même somme d'argent (1) ; c'est-à-dire que son salaire réel diminuait dans la mesure où le coût de la vie augmentait.

(1) On a évalué en 1904 le salaire moyen à 37 cents par jour pour les travaux agricoles, et à 50 cents pour les autres travaux.

Voici comment la quatrième sous-commission explique ce phénomène (1) :

« Les travailleurs forment, dit-elle, la classe la plus nombreuse, mais ils sont dans l'impossibilité de s'unir pour la défense des intérêts communs. Il en résulte qu'ils sont toujours sacrifiés.

« En Europe et aux Etats-Unis, les travailleurs de tous genres sont parvenus à s'associer en groupes de différentes natures, soit pour s'aider mutuellement, soit pour se défendre contre les patrons. L'organisation des *Trade-Unions* en Angleterre, et celle des *Chevaliers du travail* aux Etats-Unis, celle des syndicats en France, répondent à cet objet.

« Chez nous, rien de tel n'existe et ne pourra exister d'ici de longues années, à cause de l'absence de culture chez nos travailleurs, particulièrement chez nos travailleurs indigènes : absence de culture qui les met sous la domination des patrons et des propriétaires fonciers et les empêche de s'organiser pour la défense de leurs intérêts communs. »

Nous touchons là au problème de l'organisation ouvrière et nous sommes en dehors des questions du change. Hâtons-nous d'y revenir en tirant les conclusions de ce fait dû à la hausse du change, que le salaire réel a diminué.

Il y a là, sans nul doute, un élément de profit pour le

(1) *Acta* num. 5, p. 87.

producteur — industriel ou agriculteur — qui a vu le prix de vente s'augmenter alors qu'un des facteurs du prix de revient restait stationnaire : le bénéfice a été d'autant plus grand, que cet élément du coût de production avait plus d'importance.

Nous aurons l'occasion de voir que ç'a été là une des raisons principales du progrès et du développement de l'industrie minière.

Mais cette cherté extrême de vie a été peut-être, en même temps, un obstacle au développement économique du Mexique, en ralentissant le courant d'immigration des travailleurs manuels.

A la fin de ce chapitre sur l'industrie, nous sommes donc amenés aux mêmes conclusions que pour le chapitre précédent.

La hausse du change semble avoir été, pour l'industrie en général, un élément de progrès, elle a stimulé la production en l'entourant d'une barrière élevée. Mais sur bien des points particuliers, cette protection s'est retournée contre l'industrie, en élevant le coût de production.

Enfin l'industrie a peut-être manqué, à cause du change, des capitaux et de la main-d'œuvre dont elle aurait eu besoin.

Ainsi, nous n'avons point encore aperçu d'avantages décisifs, résultant pour un pays, du fait d'avoir une monnaie dépréciée.

CHAPITRE V

EFFETS DE L'INSTABILITÉ DE LA PIASTRE

Amplitude des oscillations. — Le commerce extérieur. — Importations et exportations. — Baisse des prix en or. — Effets de l'instabilité sur les banques et le marché monétaire. — Effets de l'instabilité sur les Finances publiques.

Jusqu'ici, nous n'avons envisagé qu'un des effets de la baisse de l'argent au Mexique, c'est-à-dire : la dépréciation de plus en plus grande de la piastre.

Nous avons essayé de porter un jugement sur l'agriculture, l'industrie, en considérant leurs résultats, à des intervalles éloignés entre lesquels le prix de l'once standard d'argent avait perdu plusieurs points sur le marché de Londres.

Mais nous avons vu, dans notre Introduction, que la dépréciation d'une monnaie est toujours [accompagnée d'un autre phénomène : l'instabilité.

Une monnaie métallique ne se déprécie (1) que parce

(1) Nous faisons abstraction ici, comme dans tout le courant de ce

que sa valeur est liée à la valeur du métal dont elle est faite : elle ne suit donc pas seulement le métal dans ses mouvements profonds et durables, elle en épouse les moindres fluctuations.

Or, l'argent, depuis 1873, a complètement perdu la stabilité dont il avait joui auparavant.

Tant que le bimétallisme a dominé, tant que la France frappait et échangeait les deux métaux dans le rapport de 1 gramme d'or pour 15 grammes 1/2 d'argent, le métal blanc n'était pas soumis aux règles ordinaires de l'offre et de la demande ; son cours était fixé par avance, et même lorsque sa valeur venait à changer, cette variation était difficile à percevoir, puisque l'argent remplissait lui-même l'office de mesure de la valeur et que ses fluctuations n'avaient pour effet que de faire varier les prix.

Mais, depuis la réforme monétaire de l'Allemagne, l'argent a, peu à peu, perdu son rôle de monnaie : lorsque l'Union Latine, ce grand régulateur des cours, eut fermé ses Hôtels des Monnaies, il fut réduit au rôle de simple marchandise, subissant tous les à-coups de la production et de la consommation.

Nous reproduisons, dans le tableau suivant, les fluctuations annuelles du prix en or de l'once d'argent sur le marché de Londres depuis 1873 jusqu'en 1902 ; nous indiquons la différence maxima constatée dans une

travail, de la dépréciation résultant d'une émission exagérée de monnaie fiduciaire.

année en la rapportant à la valeur la plus élevée atteinte
par l'argent dans cette même année (1).

Années	%	Années	%
1873	3,45	1883	5.07
	3,84		5,50
1875	3,62	1890	20,60
	20,08		10,70
	8,60		13,00
	10,10		20,80
	9,00		15,00
1880	2,37	1895	13,00
	3,80		4,80
	4,60		20,40
	2,00		11,50
	2,20		7,70
1885	6,25	1900	10,00
	10,60		16,00
	1,00		22,00

Ce tableau permet de se rendre compte de l'importance des fluctuations annuelles de l'argent.

Elles ont atteint 22 0/0 en 1902 ; c'est-à-dire que la
quantité d'argent qu'on a payée 100 francs à un moment
de l'année, on l'a payée 78 francs à un autre moment.

En 1876, 1890, 1893, 1897, les fluctuations ont dépassé 20 0/0.

(1) Ce tableau a été calculé à l'aide des données statistiques
contenues dans le rapport de la quatrième sous-commission monétaire ; acta num. 5, p. 90.

Encore, ce tableau ne donne-t-il qu'une idée approximative du dommage causé au commerce par les perturbations des cours, parce qu'il ne montre pas quelle a été la durée des oscillations, quel temps s'est écoulé, chaque année, entre les deux points extrêmes atteints à la cote de Londres.

En se rapportant aux statistiques mensuelles de la commission monétaire, on voit que ce délai n'a pas, à certains moments, dépassé deux mois et qu'il est en moyenne de sept mois.

Ainsi, indépendamment de la dépréciation, la piastre mexicaine a subi des oscillations profondes et rapides, qui l'ont empêchée, peut-être encore plus que la dépréciation, de remplir le rôle de la monnaie, qui est de servir dans le temps et dans l'espace d'etalon invariable de la valeur.

Or, s'il est permis d'espérer que l'argent cessera, à un moment donné, de se déprécier, que les conditions de sa production et de sa consommation finiront par s'adapter au nouvel état de choses créé par les réformes monétaires, on ne peut, en revanche, se flatter de voir les cours de l'argent s'immobiliser, comme au temps où la loi venait peser de toute son autorité sur les conditions économiques du marché. Ainsi, même en l'absence de toute dépréciation nouvelle de la piastre, les variations continuelles du change suffiraient à légitimer une réforme.

Nous allons voir, en effet, qu'il n'est pas possible de

vanter les avantages d'une monnaie instable, comme certains argentistes irréductibles vantent les avantages d'une monnaie dépréciée.

Le commerce, la banque et généralement toutes les personnes qui sont en rapport avec les pays à monnaie saine ne peuvent que souffrir de l'instabilité de la monnaie, parce que les engagements qu'elles ont souscrits n'ont aucune base fixe : la sécurité fait place au hasard, les spéculations les mieux fondées en raison, ne sont plus que des opérations de jeu.

Pour nous rendre compte de la mesure dans laquelle le commerçant et le banquier subissent les fluctuations du change, nous allons essayer de dégager les différentes combinaisons qui peuvent intervenir à propos du commerce extérieur.

Les grandes maisons d'exportation ne sont, le plus souvent, que des intermédiaires entre le producteur et le consommateur : elles ne produisent pas elles-mêmes et se bornent à concentrer dans leurs magasins les marchandises exportables, qui présentent souvent la diversité la plus grande.

Pour payer aux producteurs les marchandises destinées à l'exportation, l'exportateur a recours aux banques qui lui avancent, moyennant un intérêt variable mais rarement inférieur à 6 0/0, la somme nécessaire en piastres. Cette ouverture de crédit est gagée sur le stock des marchandises qui ne peuvent plus désormais sortir des entrepôts, tant qu'il n'aura pas été remis à la banque une traite sur les États-Unis ou l'Europe représentant l'avance en piastres faite par elle. Mais sur quelle base s'effectuera ce remboursement à la banque?

C'est ici que les oscillations du change devront être prises en considération, soit que l'exportateur en endosse tous les risques — le contrat sera alors à *laisser courre le change*, — soit que l'exportateur stipule dès maintenant le taux de remboursement des piastres avancées par la banque ; le contrat sera alors dit : à *change retenu*. La situation est très différente pour l'exportateur et pour la banque suivant la combinaison adoptée.

1° *Contrat à change retenu* (1). — L'exportateur stipule, au moment où la banque lui avance les 100.000 piastres nécessaires au paiement de ses produits d'exportation, qu'il sera libéré envers elle par la remise d'une traite sur New-York de 50.000 dollars, suivant le cours actuel du change sur New-York (qui serait dans l'espèce de 200 0/0).

L'exportateur est à l'abri de toute éventualité ; son opération n'est que commerciale, son bénéfice ne dépend que du prix auquel il aura pu trouver acquéreur : Il se désintéresse des fluctuations du change, puisque la quantité d'or nécessaire au remboursement de l'argent avancé par la banque a été fixée d'avance. La banque, au contraire, a pris à son compte tous les aléas du

(1) Voir J. Dubois, *L'Empire de l'argent*, Paris, 1905.

change : elle fait, vis-à-vis de l'exportateur, l'office d'assureur moyennant une prime qui vient s'ajouter au montant du principal de la dette. Son opération reste incertaine jusqu'au moment du remboursement ; seulement alors, suivant le cours du change, elle se liquidera avec bénéfice ou avec perte.

Si le change s'est élevé, et qu'il soit, par exemple, à 220 0/0, la traite de 50.000 dollars représentera 110.000 piastres, le bénéfice aura été de 10 0/0 ; si le change est descendu à 180, la banque ne pourra obtenir avec sa traite que 90.000 piastres. Elle aura subi une perte de 10 0/0. Ces fluctuations n'ont rien d'invraisemblable, si l'on songe que le commerce d'exportation repose sur un crédit à longue échéance dépassant souvent six mois.

2° *Contrat à laisser courre le change.* — Ici l'exportateur, en empruntant 100.000 piastres à la banque, pour payer les marchandises qu'il destine à l'exportation, ne stipule pas quelle quantité d'or sera nécessaire pour rembourser la banque ; il n'aborde pas ce côté de la question et reste débiteur de 100.000 piastres, purement et simplement.

Si au taux actuel du chan ces 100.000 piastres représentent 50.000 dollars, l'expo ateur prendra ce chiffre pour base et essayera de récupérer cette somme avec un bénéfice commercial sur son correspondant de New-York. Il tirera, par exemple, sur son correspondant une traite de 60.000 dollars.

Au jour du remboursement à la banque, il se peut que 100.000 piastres représentent plus ou moins de 50.000 dollars.

Si le change est monté à 220 0/0, l'exportateur se libérera vis-à-vis de la banque, en lui remettant 45.500 dollars, et son bénéfice commercial de 10.000 dollars s'augmentera d'un bénéfice du change de 4.500 dollars.

Si le change n'est plus qu'à 180 0/0, il devra abandonner à la banque 55.555 dollars, faisant ainsi une perte sur le change qui viendra réduire son bénéfice commercial à 4.445 dollars.

De son côté, la banque est ouverte contre toute éventualité : les fluctuations du change la laissent complètement indifférente.

Ce second mode de contrat est donc exactement l'inverse du premier.

Tout à l'heure, l'exportateur prenait une attitude défensive vis-à-vis du change : il bornait son opération à un acte de commerce, abandonnant à la banque toutes les chances de gain comme tous les risques de perte provenant des fluctuations du change.

Maintenant, il ne demande plus à la banque qu'un service de pur crédit commercial : il tient à prendre lui-même position devant le change et à garder pour lui tous les risques heureux et malheureux.

Pour le commerce d'importation, les mêmes combinaisons peuvent intervenir, mais l'effet des fluctuations

Viollet.   7

du change sera diamétralement opposé à celui qu'elles produisent au cas d'exportation.

L'importateur est débiteur d'une somme fixe en or ; la quantité de piastres qu'il devra remettre pour se libérer variera suivant l'état du change : elle augmentera si le change s'élève et diminuera s'il s'abaisse.

Ainsi l'importateur voit ses charges s'aggraver au même moment où l'exportateur recueille un bénéfice, et inversement il bénéficie du change quand l'exportateur en pâtit.

Les fluctuations du change sont donc une gêne considérable pour le commerce parce qu'elles font reposer le gain du commerçant sur l'incertitude ; mais, en fait, les fluctuations de l'argent n'ont pas été aussi désordonnées qu'on pourrait le croire ; elles ont, dans l'ensemble, suivi une direction commune et si l'on ne tient compte que des points extrêmes, à 30 ans de distance, on constate que les fluctuations ont été beaucoup plus fréquemment et plus fortement dans le sens de la baisse que dans celui de la hausse ; il en résulte que l'aspect général du commerce au Mexique est très différent suivant qu'on l'envisage au jour le jour avec tout l'imprévu du moment, comme nous venons de le faire en analysant une opération commerciale en particulier, ou suivant qu'on ne recherche que les résultats généraux, en dégageant de tous les incidents passagers, les grandes lignes d'évolution.

A ce second point de vue, le fait capital, qui doit ser-

vir de base à toute appréciation sur le commerce mexi-
c-in, est la baisse continue de l'argent qui, de 1873 à
1902, a été chaque année en moyenne de 3 0/0.

De là, on devrait conclure logiquement que le commerce d'exportation a reçu une impulsion continue, et
qu'au contraire le commerce d'importation s'est buté à
un obstacle chaque jour grandissant.

Mais les faits ne sont pas complètement d'accord avec
ces conclusions logiques.

Si on jette les yeux sur une statistique du commerce
extérieur du Mexique (1), on constate que les exportations étaient en 1891-92 de 75.467.714 piastres d'argent; en 1903-04, elles sont de 196.726.510 piastres
d'argent.

Soit un accroissement total de 160 0/0 et un accroissement moyen annuel de 8 0/0.

Les importations, loin de diminuer, ont augmenté,
malgré la baisse de l'argent, dans une proportion encore
plus forte.

Elles étaient en 1891-92 de 43.413.131 piastres d'or,
elles sont en 1903-04 de 78.308.443 piastres d'or. Si
nous transformons ces chiffres en piastres d'argent
d'après le cours moyen du change, nous trouvons res-
pectivement 51.860.000 et 177.973.000.

Soit un accroissement total de 240 0/0 et un accroissement moyen annuel de 10 0/0.

(1) Statesman's year bock, 1894, 1906.

De cette comparaison des exportations et des importations, il ressort deux faits qu'il s'agit d'expliquer :

D'abord que les exportations ont toujours été sensiblement supérieures aux importations.

Ensuite, que, si les exportations se sont développées, les importations, loin de diminuer, ou même de rester stationnaires, ont progressé plus rapidement encore malgré la hausse du change.

Voyons dans quelle mesure ces faits se trouvent d'accord avec les théories argentistes.

Les exportations dépassent chaque année les importations. On serait tenté, en s'en tenant à cette simple constatation, de voir là un des effets de la baisse de l'argent : la dépréciation de la monnaie ne favorise-t-elle pas, comme nous l'avons vu, le commerce d'exportation en augmentant le bénéfice réalisé, et n'entrave-t-elle pas le commerce d'importation en infligeant au commerçant une perte résultant du change ? Ce raisonnement serait très licite si le chiffre des exportations ne représentait que des éléments nouveaux de richesse envoyés à l'étranger, avec l'assurance pour le Mexique d'en obtenir tôt ou tard la contrepartie augmentée d'un bénéfice.

Il n'en est malheureusement pas ainsi :

Dans le chiffre des exportations, figurent des valeurs considérables, envoyées à l'étranger pour rémunérer les capitaux que le Mexique a dû demander en dehors soit pour organiser tous les rouages de l'administration publique, soit pour créer son réseau de voies ferrées, soit

enfin pour mettre en valeur les richesses que son sous-
sol contient. Le service de la Dette publique fédérale
exige tous les ans à lui seul 24 millions de piastres ; les
chemins de fer envoient annuellement à l'étranger, sous
forme de dividendes et d'intérêt plus de 20 millions de
piastres. Les sommes remises par les industries privées
peuvent être évaluées à peu près au double (1).

Si nous réduisons le chiffre des exportations du montant de ces remises faites à l'étranger nous nous trouve-
rons en face d'un chiffre d'exportations réelles notablement inférieur à celui des importations.

On ne peut donc se baser sur les totaux du commerce
extérieur, pour y trouver un effet quelconque de la hausse
du change.

La théorie de la prime à l'exportation n'est pas jusqu'ici vérifiée.

Le sera-t-elle davantage par l'examen de l'accroissement respectif des exportations et des importations?

Certes, les exportations réelles, représentant un nouvel élément de richesses, se sont accrues rapidement.
Mais doit-on attribuer ce fait à l'influence du change ? Il
n'est presque pas de pays où l'on ne puisse faire la
même constatation, et il est certain que pour beaucoup
d'entre eux la question du change n'intervient pas.

D'ailleurs, si le change avait été la cause prépondé-
rante du développement des exportations mexicaines,

(1) Voir l'exposé des motifs du ministère des Finances pour le
projet du budget 1ᵉʳ 6-07 (Journal Le *Mexique*, 5 janvier 1906).

on devrait relever des différences entre l'accroissement des exportations à destination de pays ayant une monnaie d'argent et celui des exportations à destination de pays ayant une monnaie d'or.

Le premier devrait être plus faible puisque l'influence du change ne s'y fait pas sentir. Or, cela n'est pas.

De plus, c'est justement dans les années où l'argent est resté à peu près stationnaire, que l'on relève un plus grand accroissement des exportations.

Quant aux importations, elles ont progressé encore plus rapidement malgré l'influence du change.

La moyenne annuelle de l'accroissement a été de 10 0/0, même en tenant compte de la régression enregistrée dans l'année 1893-94, dans laquelle la fermeture des Hôtels des monnaies de l'Inde et l'abrogation du Shermann Act aux États-Unis provoquèrent la seconde et la plus formidable crise qu'eût à subir le Mexique.

Il ne faudrait cependant pas s'exagérer la valeur de l'argument tiré de cet accroissement des importations, et nier toute influence du change sur cette partie du commerce extérieur. Il est certain que le change a influé sur le prix des marchandises importées et a établi comme une barrière de douane chaque jour plus haute.

Les prix se sont même élevés dans une proportion plus forte que ne semblait le légitimer la hausse du change (1).

(1) Voir page 58.

La quatrième sous-commission monétaire explique ce phénomène de la façon suivante (1).

« Les commerçants qui élevaient leurs prix au niveau « qu'ils considéraient comme suffisant pour les garantir « contre une plus grande dépréciation de l'argent, « voyaient, peu de temps après, s'effondrer tous leurs « calculs, à cause d'une hausse encore plus grande du « type des changes. Les leçons que reçurent les commer- « çants achevèrent de les décider à élever leurs prix « d'une manière disproportionnée à la hausse du change, « pour se placer une fois pour toutes hors des effets des « nouvelles surprises que leur réservait l'avenir. »

Cette hausse des prix aurait dû faire diminuer les im- portations, mais un autre fait est venu compenser dans une certaine mesure l'effet du change : c'est la baisse des prix en or dans les pays qui ont l'or comme monnaie.

On a apporté différentes explications à cette baisse des prix en or.

Les partisans du bimétallisme ont prétendu que cette baisse était due à l'excessive appréciation de l'or, appré- ciation qui aurait produit dans les pays ayant l'or comme monnaie, un effet diamétralement opposé à celui que la dépréciation de l'argent a amené dans les pays restés fidèles à l'étalon d'argent.

Les monométallistes, à l'inverse, ont démontré que la baisse des prix n'était pas si générale qu'elle pût être in-

(1) *Comision monetaria, acta* num. 5, p. 83.

terprétée comme l'effet d'une plus grande appréciation
du signe monétaire et qu'elle devait être attribuée à la diminution du coût de production résultant du progrès industriel et du développement des voies de communication.

Quelles que soient les causes de ce phénomène, il est
certain que les prix en or ont baissé à partir de la date à
laquelle commença la dépréciation de l'argent.

Cette baisse, dit-on, a pu compenser la hausse produite par l'élévation du change, et ainsi s'expliquerait
l'accroissement progressif des importations : elles auraient suivi la même marche que dans un pays où la question du change n'interviendrait pas. Mais les choses ne
se sont pas passées ainsi : Entre 1873 et 1902, les prix en
or sont descendus de 100 à 62, accusant ainsi une diminution de 38 0/0 (1) ; dans le même temps, la baisse de
l'argent a été de 55 0/0 ; par conséquent, les prix en argent se sont élevés plus que les prix en or n'ont baissé :
le même article qui coûtait, en 1875, indifféremment
100 piastres d'or ou 100 piastres d'argent, devait coûter,
en 1902, 62 piastres d'or ou 136 piastres d'argent. Les
prix en argent sont même montés encore plus haut.
M. Sauerbeck fixe leur taux en 1902 à 154 piastres. Nous
sommes loin du prix primitif de 100 piastres.

L'influence du change est donc restée dans une cer-

(1) Sauerbeck, nombres indices des prix en or et des prix en argent. Voir *comision monetaria*, *acta* num. 5, p. 81.

taine mesure efficace ; elle aurait dû avoir pour résultat une diminution des importations ; il n'en est rien.

La théorie des argentistes se trouve donc ici encore en défaut : la baisse de l'argent n'a pas arrêté les importations.

D'ailleurs, admettons pour un instant qu'elle les ait entravées, le Mexique aurait-il lieu de s'en féliciter ?

Nous ne le pensons pas : Nous avons vu jusqu'à quel point le Mexique manquait de matières premières indispensables comme le fer et le charbon ; or, si les importations avaient diminué, l'industrie aurait été privée de ces deux facteurs primordiaux ; elle n'aurait pas pu se créer avec l'outillage et le machinisme moderne : elle serait restée longtemps à l'état rudimentaire.

Revenant à l'objet plus spécial de ce chapitre, nous devons examiner les autres effets de l'instabilité de la piastre.

Nous avons vu, par notre analyse d'une opération commerciale, que le commerce de banque est très souvent appelé à supporter les effets de l'instabilité du change.

Entre deux pays usant de la même monnaie, les opérations de change sont, pour les banques, une source à peu près régulière de bénéfices normaux : les oscillations qui peuvent se produire n'excédant jamais le coût du transport des espèces métalliques, et étant, avant tout, régies par la différence entre le taux de l'escompte des deux pays, différence toujours assez faible.

Entre deux pays n'usant pas de la même monnaie, les opérations du change deviennent, comme nous l'avons vu, des spéculations de hasard et les banquiers ne s'y livrent pas sans faire payer aux commerçants une forte prime qui s'ajoute au montant de la lettre de change et nuit par suite au commerce.

De plus, les oscillations du change peuvent devenir pour les banques une tentation dangereuse, quand une longue expérience, comme celle qu'elles ont acquise depuis 1873, leur a montré que, sous des dehors désordonnés, le change obéissait à un mouvement unique et constant. Elles peuvent alors se désintéresser de leurs fonctions naturelles qui consistent à surveiller le marché monétaire et à maintenir dans un juste équilibre leur circulation fiduciaire et leur encaisse métallique, pour se livrer aux opérations périlleuses du change.

Leur exemple devient vite contagieux et il n'est pas rare de voir surgir, dans les pays dont le change est déprécié, toute une nuée de spéculateurs de profession, les agioteurs, véritables parasites qui vivent aux dépens du commerce et de l'industrie.

Ils cherchent à se rendre acquéreurs de lettres de change sur les pays à étalon d'or, au moment où le type du change s'abaisse, et en inondent le marché quand il est remonté. Ces pratiques, en aggravant les oscillations naturelles du change, découragent les commerçants.

Un autre inconvénient dû aux oscillations du change, et dont le Mexique a souffert plus que tout autre pays en raison du caractère international de sa monnaie, réside dans l'instabilité du marché monétaire. Les oscillations du change, dès qu'elles ont atteint une certaine ampleur, se sont traduites par un resserrement ou par un élargissement du marché monétaire.

Dès que le cours de l'argent regagnait quelques points, les piastres tendaient à s'exporter vers Londres, la Californie ou San-Francisco.

Les spéculateurs ont dû, pour se procurer des piastres, s'adresser aux grandes banques qui conservent des sommes considérables en monnaie métallique pour garantir le remboursement de leur circulation fiduciaire et de leurs dépôts. Pour défendre leur encaisse, les banques ont employé le seul moyen qui soit à leur disposition, c'est-à-dire l'élévation du taux de l'escompte.

En fait, le taux de l'escompte est monté très haut à certains moments et cela n'a pas été un des moindres obstacles contre lesquels a dû lutter le monde des affaires.

En 1900, ce phénomène prit de telles proportions qu'il engendra une véritable crise financière et monétaire.

Entre le mois d'août et le mois d'octobre, les cours de l'once d'argent à Londres étaient passés de 27 pence 3/4 à 30 pence 3/16, accusant ainsi une prime de 10 0/0 ; aussitôt les spéculateurs cherchèrent à exporter le plus de piastres possible ; malgré les mesures de défense prises par les banques, les piastres d'argent prenaient en grandes quantités le chemin de l'Extrême-Orient.

On a évalué à 15 millions le nombre de piastres d'argent exportées du Mexique pendant le deuxième semestre de l'année 1900. Il en est résulté un resserrement de la circulation intérieure qui a jeté la perturbation dans les affaires. Comme l'élévation du taux de l'escompte ne suffisait pas à enrayer cette fuite du numéraire, le Gouvernement se décida à intervenir.

Par un décret du 22 septembre 1900 il autorisa l'acceptation dans les Hôtels des monnaies de lingots et barres d'argent contenant 850 millièmes de fin, au lieu de 900 millièmes, comme on l'avait exigé jusque-là. Ce décret réduisit aussi les droits à percevoir pour la fabrication des monnaies.

Bientôt, la demande de piastres se ralentit : pendant le premier semestre de 1901, le Mexique exporta seulement 800.000 piastres et, à l'inverse, les Hôtels des monnaies frappèrent entre le 1er juillet 1900 et le 1er juillet 1901 un nombre de piastres qui dépasse de beaucoup le nombre des piastres exportées.

L'équilibre étant rétabli, le ministre des Finances mit fin, par un décret du 27 décembre 1901, aux mesures prises l'année précédente.

En 1902, l'argent avait repris sa marche vers la baisse. Il y eut même au mois d'avril une chute rapide des cours, due aux stocks considérables d'argent que la Chine vendit pour se procurer l'or nécessaire au versement du premier acompte de l'indemnité payable en or, exigée par les Puissances.

Naturellement, l'argent reprit le chemin du Mexique, où le taux de l'escompte, demeuré très élevé, assurait aux spéculateurs une rémunération avantageuse ; mais la loi du 27 mars 1897 frappait d'un droit assez fort l'importation de l'argent. Le Gouvernement désireux de favoriser l'afflux du numéraire, pour permettre aux banques d'abaisser le taux de l'escompte, fit voter une loi en vertu de laquelle il était autorisé « à exempter en partie ou totalement des impôts établis par la loi du 27 mars 1897, l'argent qui, ayant été exporté de la République après paiement des impôts correspondants, serait réimporté pour être frappé dans le délai et selon les formalités que fixerait l'Exécutif ».

Parmi les victimes de l'instabilité du change il faut encore citer le Trésor public.

Le Trésor subit très fortement le change puisqu'il doit faire tous les ans des remises considérables en or, alors qu'il ne reçoit dans ses caisses que de la monnaie dépréciée.

Pour se rendre compte de l'importance du change dans les finances publiques mexicaines, il est nécessaire d'examiner la constitution de la dette publique, de voir sous quelles influences elle s'est augmentée.

Au moment où M. Limantour se chargea du ministère des Finances, étaient déjà émis les emprunts extérieurs de 1885 (10.500.000 livres à 6 0/0), de 1890 (6.000.000 de livres à 6 0/0), et du chemin de fer de Tehuantepec (2.700.000 livres à 5 0/0) ; de plus, les budgets se soldant depuis longtemps par un déficit, on avait décidé que tous les titres de créances antérieures au 30 juin 1882 seraient convertis en bons de la dette intérieure consolidée à 3 0/0 ; pour les soldes impayés des budgets postérieurs on avait créé des titres sans intérêt, les *certificados de alcances*, qui devaient être convertis en bons de la dette intérieure, au cas où ils n'auraient pas été amortis dans les cinq ans. La dette intérieure comprenait encore de nombreuses créances ayant les origines les plus diverses.

En 1893, les finances publiques faillirent sombrer dans la crise soudaine déchaînée sur le pays, tant à cause de la perte des récoltes que par suite de la chute profonde des cours de l'argent. Le Gouvernement ne parvint à conjurer le danger qu'en émettant un nouvel emprunt extérieur de 3.000.000 de livres à 6 0/0.

En même temps, la dette intérieure subissait un remaniement complet par deux lois très importantes du 6 septembre 1894. On distingua trois sortes de créances : la première catégorie fut convertie en bons 3 0/0 semblables à ceux existant déjà. Les deux autres catégories furent converties en titres nouveaux dénommés 5 0/0 *intérieur amortissable*.

En réalité, sous cette refonte de la dette intérieure se cache une demi-banqueroute nécessitée par l'état des finances publiques : sur 2.813 demandes de reconnaissance de créances qui furent présentées à la commission liquidatrice, 946 seulement furent acceptées et motivé-

rent l'émission de 2.352.661 piastres de bons 3 0/0.
Quant aux bons 5 0/0, des lois postérieures en autori-
sèrent l'émission par séries successives de 20.000.000 de
piastres jusqu'à concurrence de 100.000.000.

Ce remaniement habile de la dette apporta aux finances
publiques une amélioration décisive. Jamais, jusque-là,
le Mexique n'avait pu assurer la marche des services publics ni le service de la dette sans grever chaque année
l'avenir de nouvelles charges. Les budgets s'étaient, sans
interruption, soldés par des déficits qui venaient grossir
d'abord la dette flottante et ensuite la dette consolidée.
De 1873 à 1893, les déficits annuels ont été évalués à
3.000.000 de piastres (1).

Subitement en 1894, le déficit fait place à un excédent,
et le fait est accueilli avec enthousiasme par les Mexicains : écoutons plutôt les paroles enflammées de M. Paul
Macedo (2).

« Pour la première fois en notre histoire de peuple in-
dépendant, ou plus exactement, depuis que fut entreprise
la guerre de l'indépendance, une année économique, celle
de 1894-1895, présenta un *superavit* dans nos revenus
publics ; les recettes ordinaires et en effectif de cette
année mémorable atteignirent la somme de 43.945.699
piastres et les dépenses également normales ne s'élevèrent
qu'à 42.838.652 piastres, ce qui faisait un surplus de
1.113.046 piastres.

(1) *Le Mexique, son évolution sociale*, tome II, p. 400.
(2) *Op. cit.*, p. 401.

« A partir de ce moment, le fantôme décharné du déficit annuel, suivi de son cortège d'expédients ruineux,
d'injustice dans la perception des tributs et même, chez
nos gouvernants, de manque de dignité et d'indépendance, disparut enfin. »

Tout un ensemble de circonstances ont contribué à
cet heureux événement qui semblait d'autant plus inat-
tendu qu'une baisse subite de l'argent avait rendu plus
lourd le service de la dette extérieure. L'administration
sage et persévérente du président Porfirio Diaz et de son
ministre des Finances avaient peu à peu ramené l'ordre
et l'économie dans le gouvernement ; le développement
industriel du pays avait contribué à grossir, d'année en
année, les rentrées du Trésor; mais la cause principale
de cette révolution financière fut vraisemblablement la
refonte de la dette intérieure dont nous avons parlé et qui
allégea sensiblement les charges du Trésor.

D'ailleurs, l'excédent, après avoir atteint 5.451.347
piastres en 1895-96, avait rapidement décru ; en 1897-98,
il est réduit à 882.698 piastres.

La crainte du déficit hanta de nouveau les esprits,
d'autant plus que le change, continuant à monter dans
des proportions considérables, aggravait de jour en jour
les sacrifices nécessaires pour le service de la dette en or.

Les choses en vinrent à tel point que, dit M. Macedo,
« l'idée d'une suspension de paiement devint courante
parmi un grand nombre de citoyens ».

Il était de toute nécessité que de nouveaux arrangements intervinssent pour rétablir sur de nouvelles bases le crédit public. On profita, pour ce faire, de ce que les contrats en vigueur prévoyaient justement à cette date l'amortissement des emprunts extérieurs.

M. Limantour, après des négociations prolongées, obtint des porteurs de la dette extérieure que les trois emprunts de 1888, 1890, 1893 ainsi que l'emprunt de Tehuantepec, lesquels à l'exception du dernier donnaient un intérêt de 6 0/0, fussent unifiés et convertis en une seule catégorie de titres dont le revenu serait de 5 0/0.

Le crédit du Mexique était par là sensiblement raffermi, d'autant plus que le gage garantissant les nouveaux titres ne comprenait plus qu'une partie des recettes de douanes.

Au point de vue pécuniaire, l'opération présentait un grand intérêt pour le Mexique : le capital de la dette était, il est vrai, augmenté de 1.642.780 livres ; — de 21.457.220 livres, total des quatre emprunts convertis, il passait à 22.700.000 livres ; — mais, grâce à la réduction du taux de l'intérêt et aux autres conditions d'amortissement du nouvel emprunt, la somme nécessaire au service régulier de la dette fut sensiblement diminuée : pour la première année, l'économie réalisée, au cours de 23 pence par piastre, fut de 1.820.928 piastres.

De plus, le Gouvernement rentrait en possession de sommes importantes, qui en vertu des contrats des anciens emprunts étaient déposées par lui dans les banques comme fonds de garantie.

Viollet.   8

En résumé, voici quel était à la date du 30 juin 1903 l'état général de la dette publique mexicaine (1).

Dette payable en or :

Emprunt unique à 5 0/0, à raison de 5 piastres par livre sterling : 112.775.003 piastres, soit au cours de 44 cents pour une piastre . .	255 904 716 piastres

Dette payable en argent :

Consolidé 3 %	49 335 812 piastres
Intérieure amortissable à 5 % . .	111 176 189 »
Dette flottante sans intérêt. . . .	1 269 833 »
Total de la dette . . .	417 776 550 piastres

On voit quelle importance avait, dans l'ensemble, la dette payable en or. Malgré l'économie réalisée grâce à la conversion de 1899, elle continuait à peser lourdement sur les budgets dont l'équilibre restait menacé par les moindres oscillations du change.

L'excédent des recettes sur les dépenses, qui avait atteint pour l'année 1899-1900, grâce à la conversion

(1) *Le Mexique, son évolution sociale*, page 411. Dans le document mexicain, ne figure, pour la dette en or, que le chiffre de : 112.775.003 piastres. Cette notation est en effet conforme à la loi de 1867, qui établissait le rapport légal 1 à 16 entre l'or et l'argent ; mais dans l'état actuel des faits, ce chiffre donne une idée très inexacte du montant de la dette extérieure. Il était nécessaire de lui faire subir, comme nous l'avons fait, la correction imposée par la hausse du change.

de la dette extérieure et à une amélioration sensible des changes, 12 0/0 des dépenses, était retombé en 1981-1902 à 4,86 0/0, subissant le contre-coup de la baisse de l'argent qui avait été cette année-là de 10 0/0.

Le Gouvernement se préoccupa vivement de remédier à cette instabilité du budget et, tandis qu'il faisait étudier par des commissions spéciales les moyens de stabiliser la piastre, il prenait 'des mesures provisoires destinées à compenser jusqu'à un certain point les suppléments de charges résultant de la hausse du change.

Il n'était pas possible de songer à exiger le paiement en or des droits de douanes ; c'eût été l'équivalent d'une telle élévation des tarifs qu'ils seraient devenus analogues à de véritables prohibitions ; on se contenta d'établir une base de liquidation et de perception des droits d'importation en tenant compte de la dépréciation existante de la piastre :

Il fut décidé que, tant que le change sur l'étranger resterait inférieur ou égal à 220 0/0, les cotes resteraient les mêmes ; mais que, dès que le change dépasserait ce taux, les cotes subiraient une augmentation proportionnelle.

Par ce procédé, le Trésor se mettait à l'abri des fluctuations du change : il voyait augmenter ses recettes de douanes en même temps que s'aggravaient ses charges, et c'est là un résultat qui légitimait cette mesure ; mais il faut reconnaître qu'elle faisait une fâcheuse situation aux importateurs, qui voyaient les droits de douane s'élever juste au moment où la hausse du change leur imposait un sacrifice plus lourd pour le paiement de leur prix d'achat.

Comme complément de cette mesure, une modification fut apportée au régime fiscal de l'or : il fut établi que les droits sur l'or seraient évalués non d'après la valeur en argent que la loi monétaire de 1867 donnait à ce métal, mais d'après sa valeur commerciale qui depuis 1873 avait plus que doublé. De la sorte, le Trésor voyait un autre chapitre des recettes devenir proportionnel au change. L'équilibre du budget était donc encore par là consolidé.

Nous avons vu, au cours de ce chapitre, combien l'instabilité de la piastre était pernicieuse ; son influence néfaste se fait partout sentir : sur le commerce extérieur comme sur la banque, sur le marché monétaire comme sur les finances publiques.

C'est bien là le véritable mal dont souffrent les pays à change déprécié ; que l'instrument de change baisse de valeur, c'est là une circonstance dont on peut discuter l'utilité : mais qu'il ne parvienne pas à se fixer à un taux déterminé, qu'il s'abaisse pour se relever ensuite puis pour retomber encore plus bas, c'est un mal dont tout Gouvernement conscient de ses devoirs doit s'efforcer de délivrer son pays.

L'instabilité empêche tout réajustement entre les prix,

elle est un obstacle invincible à l'unification dans un pays de la dépréciation de la monnaie, elle est par conséquent de nature à perpétuer tous les effets fâcheux nés du déséquilibre dans la valeur de l'instrument d'échange.

Il est donc de toute nécessité d'user de procédés artificiels pour fixer à un taux déterminé la valeur de la monnaie. C'est le but vers lequel doit tendre toute réforme monétaire, plutôt que d'essayer de rendre à la monnaie une valeur supérieure à celle que les circonstances économiques lui ont assignée.

CHAPITRE IV

LA BAISSE DE L'ARGENT ET L'INDUSTRIE DE L'ARGENT AU MEXIQUE

Accroissement de la production, ses causes. — Evolution du commerce de l'argent. — Les producteurs d'argent sont opposés à la réforme : réfutation de leurs arguments. — Coalition avec les silvermen américains pour sauver l'argent.

Si nous avons ajourné jusqu'ici l'examen de cette face du problème, c'est qu'elle présente un caractère tout différent de celui des questions que nous avons déjà envisagées. Ici nous quittons le domaine monétaire pour entrer dans le domaine purement industriel. Nous n'avons plus à nous occuper de la baisse de l'instrument des échanges, mais bien de la baisse d'un produit industriel analogue à tous les autres et de l'influence que cette baisse a pu avoir sur l'industrie. Certes, nous ferons souvent appel à des considérations d'ordre purement monétaire, mais nous ne le ferons jamais qu'à titre subsidiaire.

Le Mexique est, de tous les pays du monde, celui qui produit annuellement la plus grande quantité d'argent. Sa production annuelle représente à peu près le tiers de la production mondiale. Les Etats-Unis viennent presque sur le même rang que lui, et on peut dire qu'à eux deux ils sont maîtres de la production totale.

Cette situation a créé entre ces deux pays une communauté d'intérêts qui s'est souvent traduite par des efforts combinés en vue de parer aux difficultés communes.

Il est impossible, quand on étudie les effets de la baisse de l'argent sur l'industrie minière au Mexique, de ne point dire quelques mots de la situation faite aux *silvermen* des Etats-Unis.

La production de l'argent est, dans les deux pays, entre les mains de sociétés puissantes reliées les unes aux autres par des liens plus ou moins étroits et dont l'ensemble constitue le *trust* de l'argent (1).

Le *trust* se manifeste plus spécialement dans le raffinage du minerai, tandis que les exploitations extractives forment en majorité des entreprises isolées. Leur sort est néanmoins intimement lié à celui du *trust*, car elles sont obligées de lui vendre toutes les quantités extraites.

---

(1) Une première tentative de *trust* faite par la Smelter C° ayant échoué, l'idée fut reprise par la Gugenheim Exploration C° qui exploite de nombreuses mines au Mexique. Au mois de mars 1905, le *trust* était fondé, par la fusion de la Gugenheim Exploration C°, et de l'American Smelting and Refining C° (Journal : *Le Mexique*, mars 1905).

C'est d'ailleurs des chefs du *trust* que sont parties toutes les initiatives dont nous aurons à parler et qui avaient pour but d'améliorer la situation de l'industrie minière, soit directement, soit avec l'aide des Gouvernements.

Un fait dont l'importance mérite avant tout d'être signalée est que la production de l'argent au Mexique, loin de diminuer à mesure que l'argent perdait de sa valeur, s'est sans cesse accrue, et dans des proportions extraordinaires : de 1877 à 1901, l'accroissement de la production est de 200 0/0, ce qui représente un accroissement moyen annuel de 4,5 0/0 (1). Ce fait semble au premier abord d'autant plus surprenant que, à l'inverse de ce qui a lieu aux Etats-Unis, l'argent produit au Mexique est pour près de moitié exploité à titre de produit principal. Les Compagnies mexicaines n'ont donc pu compenser les pertes qu'elles subissaient du fait de la baisse de l'argent, par les gains réalisés sur les autres métaux comme le plomb ou le cuivre.

Nombreuses sont les causes qui ont pu déterminer l'accroissement de la production ; on peut en signaler quatre principales :

1° L'insensible élévation des salaires ;

2° L'établissement des chemins de fer ;

3° Les méthodes modernes introduites tant pour l'exploitation minière que pour l'industrie métallurgique;

4° Les réformes libérales et les franchises accordées

(1) *Comision monetaria, acta* num. 5, page 80.

par les Pouvoirs publics pour favoriser la production minière.

La main-d'œuvre constitue pour l'industrie extractive la portion principale des frais d'exploitation. Si nous en croyons M. Enrique Creel (1), la part de la main-d'œuvre dans le coût de production serait égale à 85 0/0.

On voit tout de suite quel avantage cette industrie a pu tirer de ce fait signalé plus haut, que les salaires sont restés, malgré la baisse de l'argent, sensiblement stationnaires. Les statistiques de la quatrième sous-commission monétaire accusent un accroissement moyen de 27 0/0 pour la main-d'œuvre dans les mines ; c'est une augmentation bien faible quand on songe que, pendant la même période, le change s'est élevé de 120 0/0 et que les prix des denrées de première nécessité se sont élevés à peu près dans les mêmes proportions. En réalité, le salaire en argent est resté stationnaire et par suite le salaire réel a considérablement diminué. Les propriétaires de mines ont pu, de ce fait, réaliser de grandes économies sur leur coût de production. Le prix de vente évalué en or s'est fondu peu à peu, il est vrai, jusqu'à devenir moitié moindre, mais cette diminution a été compensée en partie par l'accroissement de la production. D'ailleurs pour les mines vraiment mexicaines, créées sans capitaux étrangers, la perte sur le prix de vente a été moins grande. En effet, le prix de vente de l'argent est mesuré

(1) *Datos para el estudio de la cuestion monetaria* in *Mexico*, p. 44.

par son pouvoir d'acquisition, et si ce pouvoir d'acquisition a diminué de moitié par rapport à l'or, sa diminution a été moins profonde par rapport aux autres marchandises. Les propriétaires mexicains ont donc pu, en
échangeant leur argent, non pas contre de l'or mais
contre des moyens de jouissance directs ou indirects, subir
une moindre perte.

En un mot, les propriétaires miniers n'ont pas subi à
plein l'effet du change parce qu'ils ont pu payer leur
main-d'œuvre en monnaie dépréciée et que beaccoup
d'entre eux ont pu évaluer leurs bénéfices autrement
qu'en or.

Dans les pays qui ont l'or comme monnaie, comme
les Etats-Unis, les mêmes avantages ne se sont pas fait
sentir. Les propriétaires de mines ont eu à lutter avec la
nécessité de payer en or leurs ouvriers ; ils ont donc vu,
de jour en jour, s'augmenter les charges de l'exploitation ; et comme, d'un autre côté, ils étaient forcés
d'évaluer leurs bénéfices en or, ils subissaient à plein
toute la baisse de l'argent.

Une autre cause plus directe de l'accroissement de la
production de l'argent au Mexique a été la création et le
développement des voies ferrées. Avant la construction
des chemins de fer au Mexique, les mines traitaient
elles-mêmes leur minerai ou l'envoyaient à peu de distance dans de petites raffineries (*fundiciones*) assez mal
outillées ; en conséquence, le minerai riche était seul
exploité ; et le minerai de bas aloi, qui n'aurait pas

donné une rémunération suffisante, devait être abandonné.

La création des chemins de fer révolutionna l'industrie de l'argent : elle dissocia ces deux éléments jusque-là très souvent confondus : l'extraction et le traitement du minerai. Les *fundiciones* devinrent moins nombreuses et par suite plus importantes : leur outillage se développant, elles purent traiter avec bénéfice le minerai même le plus pauvre. Grâce aux chemins de fer, le minerai put être envoyé à de grandes distances pour être exploité dans les grands centres ou même au delà des frontières.

Cette évolution de l'argent est très nettement marquée par le développement de l'exportation du minerai entre 1884 et 1901. En 1884-85, le minerai exporté atteint la valeur de 1.447.342 piastres ; en 1900-01, cette valeur passe à 15.057.482 piastres (1).

C'est surtout dans la transformation de la technique industrielle qu'il faut chercher la cause de l'accroissement de la production argentifère. Cette cause est intimement liée à la précédente parce que la concentration des entreprises a été le résultat du progrès industriel qui n'a pu se réaliser que par une mise beaucoup plus considérable de capitaux.

Le progrès a été très étendu, aussi bien dans le travail d'extraction que dans le travail du traitement du minerai.

(1) *Comision monetaria, acta* num. 5, p. 81.

M. Jaime Gurza cite quelques exemples tout à fait significatifs à cet égard (1).

« Dans les mines de *Fresnillo*, on employait autrefois 2.000 chevaux pour mouvoir 50 pompes et on ne parvenait pas à épuiser l'eau des galeries, à une profondeur supérieure à 100 mètres. L'emploi des machines à vapeur permet aujourd'hui l'épuisement des galeries à plus de 400 mètres, et les frais sont réduits de 15.000 à 2.900 piastres.

« L'introduction de perforateurs à air comprimé a accru dans des proportions considérables la vitesse de creusement; le travail qui nécessitait autrefois plus d'une semaine se fait maintenant en un jour.

« Dans la mine de *Real del Monte*, on perdait autrefois, dans l'exploitation du minerai pauvre, 33 0/0 de la teneur, et 21 onces de mercure par marc d'argent; aujourd'hui, par l'application du procédé *Freidburg*, ces pertes sont réduites à 15 0/0 de la teneur et à 8 onces de mercure par marc. »

Les nouveaux procédés ont révolutionné à tel point l'industrie que de nombreuses mines qui avaient dû être jadis abandonnées, à cause de l'élévation des frais d'exploitation, furent de nouveau rouvertes et exploitées avec profit. Bien plus, les mines qu'on savait épuisées furent rendues à l'activité : on se mit à tirer parti des résidus jugés autrefois inexploitables.

(1) *Apuntes sobre la cuestion de la plata en Mexico,* pro D. Jaime Gurza; *Datos para el estudio de la cuestion monetaria en Mexico,* p. 57.

On comprend que, sous une telle poussée, la production dût sans cesse s'accroître. Au fur et à mesure que le prix de vente de l'argent s'abaissait, des découvertes nouvelles en abaissaient le coût de production. Quelquefois même ce dernier s'abaissait plus vite que le premier ; il en résultait pour les propriétaires de mines une marge plus grande pour les bénéfices. Voilà pourquoi l'industrie minière a pu se maintenir et prospérer au Mexique malgré la baisse profonde de l'argent.

Enfin la législation minière a aussi contribué à accroître dans une large mesure la production, soit en modifiant les bases fondamentales de l'antique droit minier, soit en abaissant les droits que supportaient les articles consommés dans les mines, soit en réduisant les impôts énormes qui frappaient l'industrie minière. Le général Gonzalès fut le premier à porter son attention sur l'industrie minière qui avait vu, sous l'influence des idées mercantilistes et bullionnistes, la plus grosse part de ses bénéfices passer aux mains de l'Etat.

Un premier essai de codification eut lieu, le 1er janvier 1885 : on améliorait de façon notable la situation des propriétaires de mines ; mais les événements qui surgirent presque aussitôt démontrèrent l'insuffisance de la réforme. Le Gouvernement déposa un projet de loi qui fut voté le 6 juin 1887. Deux pensées fondamentales ont inspiré cette loi (1) : réduire le coût de pro-

(1) Message du Président Porfirio Dioz, Mexico, 1890.

duction des métaux et spécialement de l'argent en dégrevant le plus possible les entreprises minières, en abaissant le prix des matières premières et articles de consommation, et favoriser le développement de l'industrie minière en permettant à l'Exécutif de faire des concessions dont l'étendue varirait en raison des capitaux engagés dans l'affaire.

Pour juger des résultats produits par les deux réformes successives de la législation minière, il suffit de constater que dans l'année qui a suivi la loi de 1887, il a été mis en exploitation 882 nouvelles mines. Plus de cent contrats ont été passés pour l'exploration de zones minières. Les capitaux investis pendant l'année 1888 peuvent être évalués à 20 millions de piastres.

Malgré les changements considérables intervenus dans la législation minière, il restait encore un pas à faire : la propriété minière restait soumise à une réglementation minutieuse qui la différenciait de tout autre genre de propriétés et la rendait difficilement accessible. Les entraves les plus gênantes étaient : la nécessité pour le concessionnaire de maintenir ses mines en exploitation, fût-ce même avec perte, et l'impossibilité de mobiliser en valeurs négociables les richesses représentées par la concession.

La loi du 6 juin 1892 mit fin à ces inconvénients en plaçant la propriété minière sur les mêmes bases que toute autre espèce de propriétés et en affirmant le principe de la liberté d'exploitation.

Au point de vue purement fiscal, les impôts sur l'argent ont été sans cesse en décroissant :

Pendant l'époque coloniale les métaux précieux étaient soumis à toutes sortes d'impôts dont l'ensemble formait à peu près le tiers de la valeur produite.

Depuis l'Indépendance jusqu'à 1886, la charge a varié entre 15 et 26 0/0 ; en 1886, tous les droits frappant l'argent ont été fixés à 20 0/0 ; aujourd'hui ils ne sont plus que de 5 0/0, ainsi répartis : droit de frappe 2 0/0, et droit à la sortie 3 0/0 (1).

La production de l'argent au Mexique stimulée, malgré la baisse de ce métal, par ces différentes causes, a nécessairement donné une vive impulsion à l'exportation de l'argent. Mais nous allons voir que sous l'influence de l'évolution monétaire dans le monde, cette exportation s'est peu à peu modifiée, et présente aujourd'hui un caractère tout différent de celui qu'elle présentait il y a 30 ans.

D'abord un fait digne de remarque est que, malgré la considérable augmentation de sa production, l'argent ne joue plus dans le commerce extérieur du Mexique le rôle qu'il y jouait autrefois.

Pendant des siècles, le Mexique n'a exporté que de l'argent, mais depuis vingt ans l'essor économique du pays a été tel que l'argent n'a plus occupé dans le chiffre des exportations totale qu'une place de plus en plus restreinte.

(1) *Datos para el estudio de la cuestion monetaria*, p. 57.

En 1884-85, l'argent représentait encore 70 0/0 des exportations totales ; en 1901-02, il n'y figure plus que pour 35 0/0 (1).

Cette comparaison à 16 ans de distance donne une idée de la rapidité avec laquelle les autres branches de l'activité nationale se sont développées. Cette évolution, survenant juste au moment où l'argent perdait tous les jours de son importance, a certainement contribué à éviter au Mexique les souffrances qu'il n'aurait pas manqué de subir, si l'argent avait continué à être sa seule industrie.

Un autre changement important dans l'exportation de l'argent est la place de plus en plus grande qu'a prise l'exportation de l'argent en barre, au détriment de la piastre mexicaine chaque jour moins demandée.

En 1884-85, l'argent frappé figurait dans l'ensemble de l'argent exporté pour 77,5 0/0 ; en 1901-02, il n'y figure plus que pour 19 0/0 (2).

Tout le reste de l'argent sort du pays, sous forme de minerais qui sont dirigés sur la fonderie de *El Paso* dans le Texas, où ils sont traités à peu de frais, grâce au bas prix du combustible. Il en sort aussi sous forme de plomb ou de cuivre argentifère, et de sulfure d'argent.

Ainsi il ressort de tout ce qui précède que, malgré la baisse continue du prix en or de l'argent, l'industrie mi-

(1) *Datos estadísticos, estado* num. 1.

(2) *Datos estadísticos para el estudio de la cuestión monetaria, Estado* num. 5.

nière au Mexique n'a cessé de se développer. Le bas prix de la main-d'œuvre et surtout la possibilité d'évaluer leurs bénéfices en argent ont permis aux propriétaires de mines d'exploiter avec profit.

Dans ces conditions, il est nécessaire d'examiner quelles pourraient être les conséquences pour l'industrie minière d'une réforme monétaire, quelle qu'en soit d'ailleurs la base, qu'il s'agisse d'adopter l'étalon d'or ou qu'on se contente de stabiliser la piastre en lui conservant le caractère de monnaie libératoire.

A ce sujet, bien des opinions contradictoires ont été émises et il serait difficile d'aboutir à une conclusion bien précise.

Les personnes intéressées à l'industrie de l'argent ont craint de voir le Mexique s'engager dans la même voie que les autres pays. Elles n'avaient pas perdu l'espoir de voir un jour les Etats adopter une nouvelle politique monétaire plus conforme à leurs intérêts. L'appréciation de l'or et par suite la baisse des prix dans les pays à étalon d'or devait, selon eux, convaincre tôt ou tard les partisans de l'or de leur erreur et les rendre plus favorables à l'argent. Or, une réforme au Mexique était un obstacle de plus au retour de la politique argentiste. Elle devait même, aux yeux du monde, prendre l'apparence d'une défaite irrémédiable de l'argent, puisqu'elle venait du pays dont les intérêts étaient le plus intimement liés à ce métal.

D'ailleurs, à côté de ces préoccupations d'ordre gé-

Viollet.   9

néral, les producteurs d'argent avaient d'autres motifs
de crainte.

Une réforme monétaire devait se manifester par la
suppression de la liberté de la frappe de l'argent, et par
un abaissement des cours du change sur l'étranger, au-
dessous du rapport commercial d'échange entre l'or et
l'argent. Les propriétaires de mines ne pourraient donc
plus faire transformer directement leurs lingots en pièces
de monnaie ; ils se verraient dans la nécessité de vendre
leurs produits à l'étranger, contre de l'or ; et, pour transformer cet or en monnaie nationale, ils auraient à subir
une perte égale à la baisse du change causée par la réforme. Les propriétaires de mines attribuaient la prospérité de leur industrie à la hausse croissante du change
qui leur avait assuré, malgré la baisse des prix en or de
l'argent, une rémunération en monnaie d'argent toujours
identique. Toute mesure qui devait avoir pour objet
d'abaisser le cours du change leur semblait préjudiciable.

Un autre danger était de voir s'élever subitement la
charge occasionnée par la main-d'œuvre. Sans doute la
réforme monétaire, en abaissant le cours du change,
devait avoir pour effet de faire baisser les prix dans la
même mesure, mais la modicité actuelle du salaire ne
permettait pas d'espérer une nouvelle réduction. Il faudrait payer les salaires sur la même base qu'auparavant
mais cette fois en bonne monnaie (monnaie d'or, ou
monnaie d'argent stabilisée) et non plus en monnaie dépréciée comme jadis.

M. Enrique G. Creel s'exprime relativement à ce danger de la façon suivante (1) :

« Je ne crois pas qu'avec l'étalon d'or les salaires que gagnent actuellement les mineurs puissent être réduits ; par suite, sous le régime de l'étalon d'or, le coût de production de l'industrie minière sera doublé par ce fait que les salaires seront payés en or, et cette aggravation des charges peut suffire à transformer les bénéfices actuels en pertes. Les bénéfices disparus, les mines ne tarderont pas à se fermer. Cette perte sera immense, pour le pays. »

Malgré toute l'exagération évidente de ces prévisions, qui ne seraient fondées que si la réforme monétaire devait avoir pour effet de ramener les changes au pair et de faire circuler l'or au Mexique comme il circule en Europe, c'est-à-dire dans un rapport voisin de 1 à 15,5 avec l'argent, — ce dont il ne peut être question — la renommée de leur auteur les a fait accueillir par beaucoup d'esprits distingués. On a été jusqu'à prétendre que la réforme monétaire nécessiterait la fermeture des trois quarts des mines d'argent et le renvoi du tiers des mineurs, ce qui laisserait sans travail environ 60.000 ouvriers et plongerait dans la misère 300.000 personnes (2).

En réalité, tous ces raisonnements s'appuient sur des

(1) *La cuestion de la plata; Datos para el estudio de la cuestion monetaria en Mexico*, p. 44.

(2) *Observaciones del S., Comisionado D. Jose de Landero y Cos al dictamen ; comision monetaria*, acta num. 5, p. 119.

bases bien fragiles. La vérité est que les mines d'argent ont prospéré pour d'autres raisons que l'élévation des changes.

L'élévation des changes compensait, il est vrai, dans une certaine mesure, la baisse des prix en or de l'argent. Elle assurait aux producteurs d'argent, quels que fussent les cours de ce métal sur le marché de Londres, une quantité toujours sensiblement égale de piastres mexicaines, mais le pouvoir d'acquisition de ces piastres baissant au fur et à mesure que le change s'élevait, les utilités qu'ils en tiraient allaient sans cesse en diminuant.

Certes, ils ont tiré un grand avantage de ce qu'ils pouvaient payer leur main-d'œuvre en monnaie dépréciée, mais cet avantage ne cessera pas immédiatement après la réforme.

La réforme ne peut avoir pour objet, comme semble le croire M. Enrique C. Creel, de ramener les choses dans leur ancien état ; elle ne peut que consacrer les faits en fixant le change au cours qu'il a atteint en dernier lieu. Par suite, les conditions économiques du pays ne seront pas changées. Les effets heureux et malheureux du change subsisteront comme par le passé, ils seront seulement fixés et ne pourront plus se modifier sans cesse.

Les salaires resteront donc au même taux et seront payés avec une monnaie qui ne différera de l'ancienne qu'en ce qu'elle sera soustraite à toute fluctuation.

A l'inverse, les charges de la production qui sont proportionnelles au change, cesseront de s'accroître. Or, ces charges sont élevées, elles consistent surtout dans le raffinage du minerai dont les frais, directement soumis à l'élévation des changes, — que le raffinage ait lieu au Mexique ou à l'étranger — peuvent être évalués à 20 0/0 de la valeur du minerai.

Quoi qu'il en soit, du jour de la réforme, les propriétaires de mines subiront plus directement les effets d'une nouvelle baisse de l'argent parce qu'elle ne sera plus compensée par une élévation correspondante des changes et c'est cette perspective qui les a amenés à se déclarer partisans du *statu quo* et adversaires résolus de toute mesure qui aurait pour but de remédier à la dépréciation de la piastre en la rendant plus ou moins dépendante de l'étalon d'or.

Mais ils sentaient bien que leur opposition ne serait pas assez forte pour enrayer le mouvement de l'opinion vers une réforme monétaire.

Dans le nombre des intérêts auxquels touchait la réforme projetée, les leurs ne formaient qu'une petite minorité, comme le remarque M. Limantour dans l'exposé des motifs du projet de loi du 16 novembre 1904, et ils avaient à lutter contre des intérêts coalisés très puissants dont les moindres n'étaient pas ceux du Gouvernement.

Le seul parti à prendre était donc de se rallier à l'idée d'une réforme en essayant de la rendre aussi inoffensive que possible.

L'alliance des *silvermen* des Etats-Unis ne fit pas défaut, dans l'occurrence, aux producteurs d'argent mexicains.

Quoique définitivement vaincus dans leur propre pays, les *silvermen* n'avaient pas perdu tout espoir de voir renaître des mesures analogues au Shermann act et au Bland Bill. Ils jugèrent l'occasion favorable et prêtèrent leur appui aux producteurs mexicains. Leur situation, en effet, pour être différente, ne laissait pas d'être inquiétante.

Si la production de l'argent n'a cessé de prospérer aux Etats-Unis, pendant ces trente dernières années, malgré la baisse des prix en or de l'argent, c'est que la grande majorité des mines de ce pays produisent en même temps que l'argent d'autres métaux comme l'or, le cuivre, le plomb, le zinc. Ces produits étaient extraits autrefois à titre de produits secondaires, c'était l'argent qui faisait l'objet direct de l'exploitation ; mais quand les cours de ce métal commencèrent à s'effondrer, les mines exploitèrent surtout en vue des autres produits dont les cours devenaient chaque jour plus rémunérateurs.

L'argent passa à l'état de sous-produit et les gains qu'il procurait ne figurèrent plus dans les bénéfices de l'entreprise qu'à titre de bonis sans importance.

Si cette orientation nouvelle n'avait pu être donnée à l'industrie minière, il est vraisemblable que la production de l'argent eût rapidement décru aux Etats-Unis; c'est

qu'en effet, la production de l'argent n'y est pas favorisée comme au Mexique. La main-d'œuvre constitue
une charge d'autant plus lourde qu'elle doit être rému-
nérée en or et que le taux des salaires est extrêmement
élevé. De plus, les producteurs d'argent subissent, dans
la réalisation de leurs stocks, des pertes considérables.
Le dollar américain étant une monnaie d'or, les cours de
l'argent exprimés dans cette monnaie suivent toutes les
fluctuations du marché de Londres.

Il était donc naturel que les *silvermen* cherchassent à
unir leurs efforts à ceux des Mexicains pour essayer de
sauver l'argent.

Or, la puissance qu'ils avaient acquise en constituant
d'imposants organismes réunis sous la direction de
l'*American Smelting and Refining Company*, qui dispose
à elle seule de près de la moitié de la production d'argent du monde, leur permettait de combattre les projets
de réforme par un argument décisif : la hausse de l'argent. De fait, les cours de l'argent, à partir de 1903, ne
cessèrent de se relever et cette hausse ne peut guère
s'expliquer naturellement. La demande de l'argent a un
peu augmenté dans les colonies, mais pas assez pour
avoir une influence sérieuse sur les cours. M. Sayous
considère que la hausse fut trop méthodique pour n'être
pas due à une « manipulation » (1).

Cette tactique ne pouvait manquer d'influer sur les in-

(1) *La réforme monétaire au Mexique*, par A. E. Sayous, *Revue d'économie politique*, 1004 03.

tentions du Gouvernement mexicain, dans un sens favorable aux intérêts des propriétaires de mines du
Mexique.

En effet, s'il est démontré que les trusters de l'argent
sont assez maîtres du marché pour stabiliser le cours de
l'argent, il est inutile d'avoir recours à l'or pour maintenir la valeur de la piastre. Toute réforme dans ce sens
devient sans objet.

La circulation métallique se maintenant par elle-
même à un taux fixe, la suspension de la liberté de la
frappe devient moins nécessaire. Par mesure de pru-
dence, il reste sage d'ouvrir des comptes-courants sur
les principales places du monde, habituellement crédi-
trices du Mexique, dans le but de prévenir les défaillances
possibles du marché de l'argent et d'empêcher une
brusque élévation des changes. Une commission centrale, chargée d'exercer un contrôle sur les banques
d'émission pour régulariser le marché monétaire et le
change, couronnerait la réforme.

Réduit à ces proportions, le projet de réforme n'aurait
pu être que favorablement accueilli par les producteurs
d'argent du Mexique : Ils auraient vendu leur argent à
un prix sensiblement supérieur et auraient continué à
profiter de tous les avantages que leur assurait l'ancien
état de choses.

En résumé, les propriétaires de mines d'argent au
Mexique n'ont pas souffert de l'élévation des changes.
Au contraire, leurs affaires ont plutôt prospéré et ils ont

été tentés de voir une relation de cause à effet entre ce résultat et la dépréciation de la piastre. Que cette opinion fût bien ou mal fondée, ils s'en sont fait une arme pour combattre les projets d'adoption de l'étalon d'or, et pour préconiser le maintien du *statu quo*.

CONCLUSION DE LA PREMIÈRE PARTIE

Nous voilà arrivé au terme de cette première partie dont le but était d'examiner quelles avaient été les conséquences de la baisse de l'argent sur l'ensemble de l'économie du Mexique, de peser les résultats heureux et malheureux de la dépréciation de la piastre et de nous rendre compte de l'opportunité d'une réforme destinée à en arrêter la marche.

Nous avons essayé de montrer, au cours de ces différents chapitres, que le rapide progrès réalisé par la République mexicaine dans toutes les branches de l'activité était dû à d'autres causes que l'élévation progressive du change.

La paix publique a été la principale. Nulle part la baisse de la piastre n'a joué un rôle décisif dans le développement du Mexique : pas plus dans l'agriculture que dans l'industrie, pas plus dans le commerce extérieur que dans l'industrie minière. Son effet le plus clair a été de faire régner partout l'incertitude, d'apporter le trouble dans les affaires privées et dans les finances publiques.

Il nous reste à rendre compte des solutions qui ont été proposées, des tentatives qui ont été faites, et des mesures qui ont été finalement adoptées.

C'est ce qui fera l'objet de notre seconde partie.

Le jeu des intérêts adverses sera souvent difficile à démêler, les intentions du Gouvernement souvent difficiles à démasquer. C'est que, au problème monétaire, se sont mêlées, comme le dit M. Sayous, bien des questions de personnes.

Le public européen n'a pu voir que ce qui se passait sur le devant de la scène, les intrigues de la coulisse lui ont échappé.

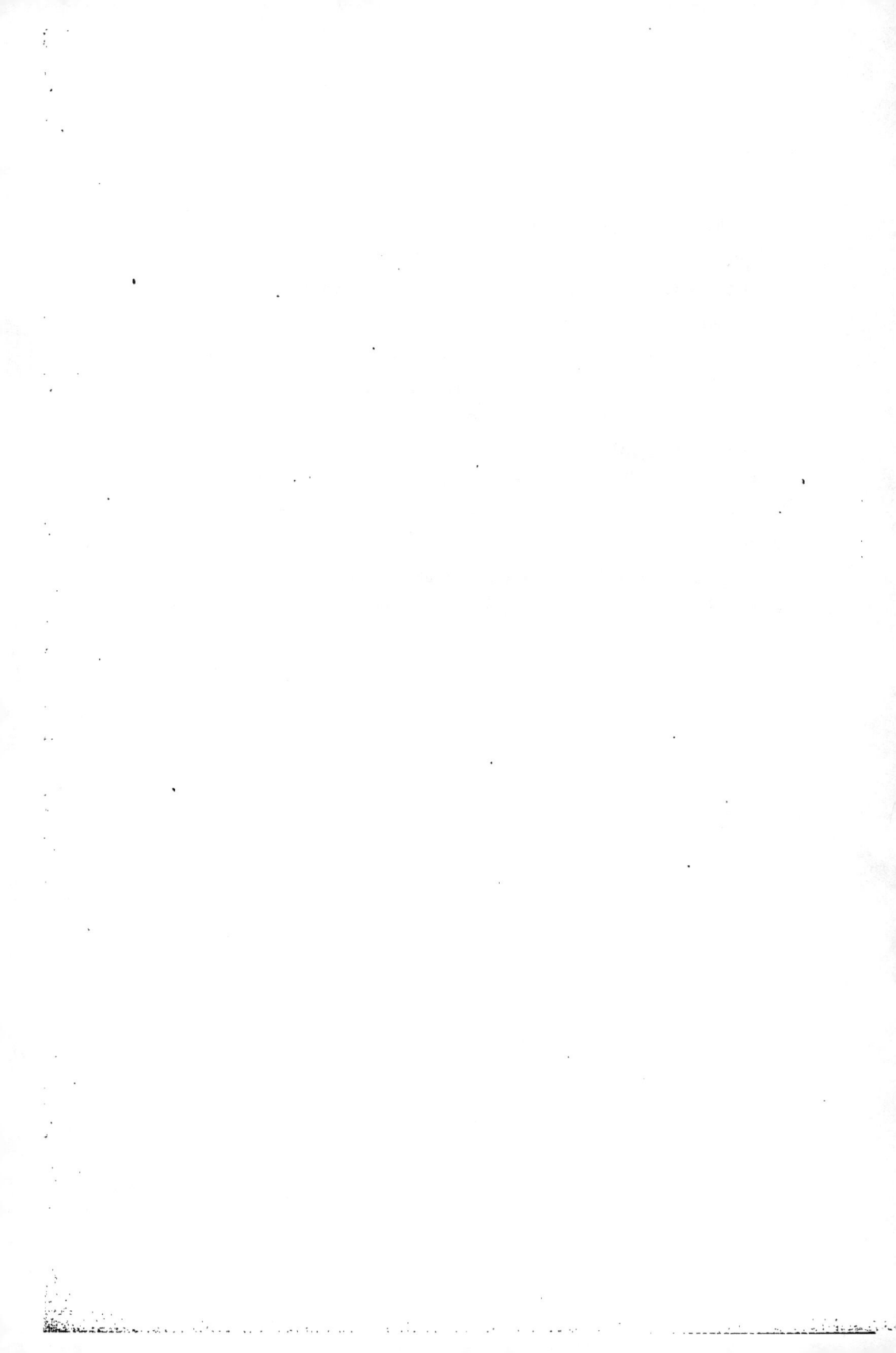

DEUXIÈME PARTIE

La Conférence Internationale de 1903 et la réforme de 1905.

Le Gouvernement sage et actif du général Porfirio Diaz ne devait pas rester indifférent devant la gravité du problème qui se posait à la nation mexicaine. Sa solution, en faisant passer définitivement le Mexique au rang des grandes puissances économiques, devait couronner dignement la longue et heureuse carrière politique de cet artisan de l'indépendance.

D'ailleurs, au premier rang des intérêts lésés par la baisse de l'argent, figuraient ceux du Trésor public ; or, M. J.-Y. Limantour, collaborateur zélé du Président, n'était pas homme à laisser compromettre les intérêts confiés à sa garde. Nous avons déjà vu avec quelle ardeur éclairée, il s'était attaché à la grande œuvre de la restauration des finances publiques et à l'affermissement du crédit mexicain. Nous l'avons vu sortir vainqueur de la crise aiguë qui mit le Mexique à deux doigts de sa ruine. Une fois le déficit disparu, il était nécessaire de l'empêcher de reparaître ; or, ce but ne pouvait être définitivement atteint, tant que les budgets restaient à la merci des fluctuations de l'once d'argent sur le marché de Londres.

Le ministre des Finances se sentait d'ailleurs encouragé dans ses projets de réforme par tout un courant d'opinions qui s'était manifesté non seulement à l'intérieur de la République, mais aussi à l'étranger et particulièrement aux Etats-Unis. Les Américains du Nord possèdent au Mexique des intérêts considérables. Ils détiennent une grande part de sa richesse, sous forme d'entreprises de toutes sortes, si bien qu'à différents points de vue, on peut dire que les destinées économiques des deux pays sont solidaires.

Les consuls du Gouvernement de Washington, prenant en main les intérêts de leurs nationaux compromis par la baisse de la piastre, usèrent de toute leur influence pour créer un mouvement favorable à une réforme.

Devant les difficultés sans nombre que présentait la question, et surtout devant les intérêts contradictoires qu'elle mettait en jeu, M. Limantour résolut, avant d'entreprendre quoi que ce fût, de donner le plus d'ampleur possible à l'étude d'un si grave problème.

La presse de tous les pays, et particulièrement celle des Etats-Unis, s'était emparée déjà de la question ; les avis les plus divers avaient été émis ; il était de toute nécessité, pour apaiser les passions et pour gagner du temps, d'appeler en consultation le plus grand nombre possible d'intéressés.

M. Limantour ne ferma pas l'oreille aux théories des producteurs d'argent qui prétendaient qu'il était inutile, pour arriver à un résultat, de changer les bases sur lesquelles reposait le système actuel du Mexique, que la solution devait être cherchée, non pas dans la stabilisation de la piastre, mais dans la stabilisation des cours de l'argent et dans l'adoption par toutes les grandes puissances d'un rapport fixe de valeur entre l'or et l'argent.

Il décida de prendre, sous le patronage du Gouvernement des Etats-Unis, l'initiative d'une conférence internationale dans le but d'étudier les mesures susceptibles de donner aux monnaies d'argent une stabilité suffisante dans leur échange contre les monnaies d'or.

Mais, en même temps, il créa, sous la présidence de M. Pablo Macedo, une Commission chargée d'étudier le problème au point de vue purement national.

Ses travaux devaient porter :

1° Sur la statistique économique et commerciale du pays ;

2° Sur la production des matières premières mexicaines ;

3° Sur le stock monétaire existant au Mexique ;

4° Sur les effets, bons ou mauvais, de la baisse de l'argent ;

5° Sur les mesures prises, dans certains pays, en vue de stabiliser le change international.

Dans la séance d'ouverture de cette Commission, le ministre des Finances exprimait en ces termes son désir d'arriver, par un moyen ou par un autre, à une solution :

« Il y aurait un extrême avantage à voir tous les pays intéressés, appliquer au même problème les mêmes solutions.

« Mais, comme nous ne connaissons pas encore les vues particulières de chaque Etat et comme on ne peut être certain d'aboutir à un résultat qui satisfasse tout le monde, le mieux est que nous continuions à poursuivre, entre nous, la solution des difficultés qui nous sont propres. »

Dans un premier chapitre, nous allons retracer les travaux de la Conférence internationale, en essayant de discerner quel était exactement son but.

Nous reviendrons ensuite aux travaux de la Commission intérieure et à la réforme qui en a été la conséquence.

CHAPITRE Ier

CONFÉRENCE INTERNATIONALE DE 1903 SUR LA STABILITÉ DES CHANGES INTERNATIONAUX

Memorandum des gouvernements mexicains et chinois : sa portée véritable. — Programme de la commission internationale : 1° système monétaire de la Chine ; 2° harmonie des systèmes monétaires ; 3° Prix de l'argent. — Exposé des vues des commissaires mexicains. — Réponses des puissances européennes. — M. Jenks en Extrême-Orient.

Le 15 janvier 1903, M. de Aspiroz, ambassadeur des Etats-Unis du Mexique à Washington, faisait parvenir à M. Hay, secrétaire d'Etat du Gouvernement des Etats-Unis, un *memorandum* (1) sur l'opportunité de prendre l'initiative d'une conférence internationale pour étudier les moyens propres à remédier à la situation créée par la baisse de l'argent, et à établir sur la base de l'or un régime monétaire uniforme pour les pays à circulation d'argent et particulièrement pour la Chine.

(1) *Report on the introduction of the gold-exchange standard into China and other silver-using countries*, Washington, 1902, p. 39.

Viollet.   10

En même temps, M. Shen Tung, représentant du Gouvernement chinois à Washington, remettait à M. John Hay, de la part de son Gouvernement, une note (1) conçue dans des termes presque identiques.

Il serait difficile, après la lecture de ces documents habilement rédigés, de connaître avec certitude le but que se proposait le Gouvernement mexicain, en prenant l'initiative d'une telle démarche.

Les Puissances y sont invitées à se concerter pour assurer une plus grande fixité au rapport d'échange entre l'or et l'argent; mais en même temps on se défend de toute tendance bimétalliste; et cependant, toutes les conférences antérieures, réunies dans un but bimétalliste avoué, ne s'étaient pas proposé autre chose que de rendre la valeur de l'argent aussi fixe que possible. On déclare ne désirer aucune modification aux systèmes monétaires existants, mais on attache beaucoup de prix à ce que les Puissances continuent d'employer le métal blanc comme monnaie divisionnaire. La stabilité de la monnaie d'argent sera-t-elle par là mieux assurée que par le passé?

En réalité, on retrouve à chaque ligne les préoccupations des producteurs d'argent.

La baisse de l'argent, en diminuant les profits de ceux qui exploitent à la fois l'argent et d'autres métaux, risque, dit-on, de diminuer la production et l'exportation de ces derniers ; on pourrait ajouter qu'elle menace en-

(1) *Report on the introduction of the gold-exchange standard,* etc. etc., p. 43.

core plus la production et l'exportation de l'argent lui-
même.

L'adoption de l'étalon d'or serait néfaste au Mexique,
assure-t-on. Le concours des Puissances permettrait de
remédier à la situation, par un autre moyen. Quel est
donc ce moyen sinon la stabilisation de l'argent métal
lui-même, plutôt que celle de la piastre ?

Or, ne reconnaissons-nous pas là la solution mise en
avant par les producteurs d'argent ?

L'énorme indemnité réclamée à la Chine par les Puissances, et à laquelle le document fait allusion, a eu une
conséquence beaucoup plus sensible aux producteurs
d'argent que la diminution des facultés d'achat de la
Chine ; ç'a été une chute profonde des cours de l'argent.

En un mot, tout en se gardant de faire la moindre
allusion aux intérêts des producteurs d'argent, le Gouvernement mexicain n'a pas eu d'autre but que de faire,
avant d'entrer définitivement dans la voie de l'étalon d'or,
une dernière tentative, après tant d'autres, en faveur du
métal argent. Et il n'est pas téméraire de croire que les
producteurs d'argent mexicains et les *silvermen* américains ont été pour quelque chose dans la décision du
Gouvernement.

Quoi qu'il en fût, les Américains devaient faire le
meilleur accueil à la prière du Gouvernement mexicain.
Leurs intérêts comme producteurs d'argent sont les
mêmes que ceux du Mexique ; et pour ce qui est de la
Chine, ils sont les premiers à souffrir de son défaut de

régime monétaire : leur proximité avec l'Empire céleste,
surtout depuis qu'ils ont étendu leur domination aux
Philippines, les pousse à s'y créer le plus de débouchés
possible pour leurs articles manufacturés de grande consommation : or, la dépréciation et l'instabilité de l'argent
sont un des obstacles les plus sérieux à cette pénétration.

Un acte du Congrès, en date du 3 mars 1903, donna
au Président Roosevelt tous les pouvoirs nécessaires
pour assurer le concours des Etats-Unis aux Gouvernements mexicain et chinois.

Il fut décidé que trois délégués américains se join-
draient aux délégués mexicains et chinois pour aller, en
Europe, présenter aux Puissances les vues de la Commission et demander leur avis sur les solutions proposées.

Dans son instruction aux délégués américains,
MM. Hugh, H. Hanna, Charles A. Conant, Jeremiah,
W. Jenks, le secrétaire d'Etat, M. John Hay, insistait
sur ce que le Gouvernement de Washington ne préconisait, pour la solution du problème, aucune méthode
particulière : « The United-States does not commit itself
to any particular plan or method ». Et il ajoutait :
« Vous n'êtes pas autorisés à proposer un changement
quelconque dans les systèmes monétaires des pays à
étalon d'or, ni à laisser entendre qu'une modification
pourrait être apportée à l'étalon actuellement pratiqué
par les Etats-Unis. »

Quant aux remèdes à apporter à la situation monétaire de la Chine, les commissaires délégués devaient

donner au Gouvernement impérial l'assurance que les
Etats-Unis lui prêteraient leur appui moral sincère « its
hearty moral support », mais ils devaient se garder de
laisser supposer que le Gouvernement impérial pût
espérer un appui financier de quelque nature que ce fût :
« you are not however authorised to encourage in any
way a belief that any financial support of any nature
whatever will be given by the Government of the United-
States in aid of such plan ».

Munis de ces recommandations, qui rendaient le but
de la Commission encore plus vague, les délégués mexicains, accompagnés des délégués américains et chinois,
se rendirent en Europe et sollicitèrent des Gouvernements des différentes Puissances d'être mis en rapport
avec des fonctionnaires ou des économistes compétents
pour étudier avec eux les moyens d'aboutir à un accord.

Dans le *memorandum* présenté aux Puissances, la
Commission énumérait les différents buts qu'on devait
chercher à atteindre :

1° Etablir pour la Chine une monnaie d'argent uniforme, maintenue, d'une manière stable, au pair de l'or,
dans le rapport légal de 32 à 1 ;

2° Etablir des systèmes monétaires semblables à celui
recommandé pour la Chine, pour autant de possessions
coloniales des Puissances européennes qu'il sera possible,
ainsi que pour les autres nations à étalon d'argent, et
obtenir la plus grande uniformité possible entre ces
monnaies ;

3° Comme moyen efficace de maintenir plus facilement la parité des monnaies d'argent et d'or dans les pays mentionnés plus haut, obtenir autant de stabilité que possible dans le 'prix du lingot d'argent par la régularisation des achats de l'argent dont les divers pays ont réellement besoin pour le monnayage.

Ce dernier alinéa nous fait enfin connaître, de façon précise, le but réel de la Conférence : on cherche à établir une fixité de rapport entre l'or et l'argent, non plus par la liberté de la frappe pour les deux métaux, moyen définitivement condamné par les Conférences antérieures, mais par des achats réguliers d'argent. Dès lors, tous les autres buts visés deviennent facilement réalisables : une fois les cours de l'argent parvenus à un taux fixe, rien de plus simple que d'assurer d'une façon uniforme, à tous les pays usant de monnaie d'argent, un change stable avec les pays à étalon d'or.

La Commission exposait ensuite les moyens qui lui semblaient de nature à assurer la réalisation du programme proposé.

1° Projet d'un système monétaire pour la Chine.

Le Gouvernement impérial chinois devrait prendre sans retard des mesures satisfaisantes pour la majorité des Puissances intéressées dans l'indemnité, pour établir un système monétaire d'ensemble composé en majeure partie de pièces d'argent d'une valeur fixe en or.

Pour mettre ce plan à exécution, le Gouvernement chinois nommerait un contrôleur de la monnaie, de nationalité étrangère, qui serait chargé de l'administration du système pour la Chine.

Les Puissances ayant droit à l'indemnité exerceraient un contrôle permanent.

On adopterait une unité monétaire étalon valant approximativement un *taël* en or ou un peu plus d'une piastre mexicaine. Des mesures seraient prises pour la frappe libre de pièces appropriées, multiples de cet étalon.

La Chine devrait frapper aussi rapidement que possible 200 millions de ces pièces pour la circulation dans le pays. Ces pièces seraient maintenues au pair avec la monnaie d'or dans le rapport de 32 à 1 environ.

Pour les dépenses causées par l'installation du système et pour le maintien de la parité des monnaies d'argent, le Gouvernement chinois devrait ouvrir des comptes créditeurs à Londres, Paris, Berlin, Saint-Pétersbourg, Yokohama et New-York, sur lesquels il pourrait tirer des traites d'or à un taux fixe. Ces traites devraient être faites seulement sous la direction du contrôleur de la monnaie, et sur la demande des personnes qui auraient déposé des sommes au moins égales à 10.000 taëls.

Les profits de seigneuriage provenant de la frappe devraient être conservés comme un fonds séparé. Dès qu'on aurait accumulé la valeur de 500.000 taëls, ils devraient être placés comme fonds de réserve d'or chez les différents dépositaires étrangers, dans la proportion des traites tirées sur eux. Ce système devrait être continué jusqu'à ce que les dépôts d'or s'élevassent à 25 millions de taëls.

Des dispositions seraient prises pour passer une loi sur les banques aux termes de laquelle des billets de banque maintenus au pair avec la monnaie légale pourraient être émis par des banques de crédit solide, sous la surveillance du contrôleur.

Dans l'espace de cinq années, le nouveau système serait introduit dans tous les ports à traités et autant que possible ailleurs. Tous les droits de douane seraient perçus dans la nouvelle monnaie, après un délai de cinq ans.

Les Puissances seraient invitées à accepter de l'argent en paiement de l'indemnité due par la Chine, pendant dix années. Après cela on payerait en or ou en son équivalent.

2° *Raisons pour l'adoption, partout où cela est possible, d'un rapport légal uniforme de 32 à 1 environ et d'une unité monétaire à peu près commune.*

Il serait avantageux que le rapport entre les monnaies d'or et celles d'argent fût fixé à un taux qui se rapprochât sensiblement de la valeur de l'argent en lingots et qui fût conforme au rapport adopté dans les pays à circulation d'argent. Néanmoins le rapport choisi devrait être légèrement inférieur au rapport commercial actuel, afin de pouvoir tenir compte des fluctuations possibles des prix du lingot.

La baisse dans la valeur de l'argent accentuerait la différence entre la valeur réelle de la monnaie et sa valeur légale, pesant ainsi plus lourdement sur le crédit des Gouvernements monnayeurs et augmentant le danger de la contrefaçon.

Si, d'autre part, la hausse dans le prix du lingot d'argent dépassait le rapport légal de la frappe, elle risquerait de provoquer la fonte des monnaies frappées et de priver le pays de numéraire.

L'émission d'une monnaie reposant sur un système de change fondé sur l'or, dans le rapport légal de 32 à 1, satisferait à ces conditions au prix actuel de l'argent parce qu'elle laisserait une marge d'environ 15 0/0 entre la valeur en or de la nouvelle monnaie et la valeur en lingot du métal qu'elle contiendrait.

Ce rapport aurait l'avantage de permettre l'émission par le Mexique, la Chine, les Philippines, les établissements des Détroits, Hong-Kong, et les Colonies françaises de l'Inde, de monnaies d'argent sensiblement pareilles à celles maintenant employées par leurs habitants.

Le rapport de 32 à 1 a l'avantage de représenter à peu près le rapport commercial entre les lingots d'or et d'argent, qui existait il y a quelques années, et auquel les prix et les valeurs des pays à étalon d'argent s'étaient adoptés dans une large mesure. Il respecterait donc les contrats passés jadis sur les bases de ce rapport et comme, d'autre part, les prix et les salaires n'ont pas partout suivi la baisse récente de l'argent, un pareil étalon ne causerait pas de préjudice sérieux dans le règlement des contrats nouvellement passés.

Il est très désirable que les pays, qui sont en train de réorganiser leur système monétaire sur la base d'un système de change d'or, adoptent un rapport de frappe à peu près uniforme de façon à leur permettre de se concerter pour la protection contre les fluctuations du prix de l'argent et contre le danger du faux-monnayage.

Si un effort est tenté pour régulariser le prix du lingot d'argent en régularisant les achats d'argent faits par les Gouvernements pour le monnayage, et si l'on essaye d'empêcher la hausse de l'argent au-dessus d'un point donné, en suspendant les achats quand ce point serait atteint, cette méthode ne pourrait avoir de succès qu'à la condition que tous les pays intéressés cessassent leurs achats chaque fois que le prix de l'argent atteindrait le chiffre du rapport commun choisi par eux.

Au contraire, si chaque pays adoptait un rapport différent, les pays où le rapport serait le plus bas verraient fondre leur monnaie alors que les autres pays continueraient leurs achats d'argent, accentuant ainsi la hausse du métal.

Il serait avantageux que non seulement il y eût un rapport à peu près conforme aux conditions du marché et que ce rapport fût uniforme, mais encore qu'une

unité commune fût adoptée pour la monnaie des pays
orientaux.

L'adoption d'une unité commune pour la Chine, pour
les Colonies françaises de l'Inde, pour Hong-Kong et
d'autres dépendances anglaises et pour les Philippines faciliterait grandement le commerce entre tous ces pays,
comme il faciliterait le commerce d'exportation des
pays à étalon d'or dans la mesure où leurs dépendances
serviraient de centres de distribution pour leur production nationale.

L'uniformité approximative dans le rapport légal et
dans l'unité n'enchaînerait pas absolument les systèmes
les uns aux autres comme dans une union monétaire,
mais elle présenterait, somme toute, l'avantage d'un
système commun pour faciliter la comptabilité, préparer
les listes de prix et les factures, payer les frais de
douane, évaluer d'une manière certaine les profits des
transactions commerciales et servir ainsi au progrès du
commerce pour le bénéfice commun des pays à étalon
d'argent et des pays à étalon d'or.

3° Considérations sur le prix de l'argent.

L'objet principal de la Commission du change international est d'obtenir, autant que cela est possible, la
stabilité des taux du change sur la base de l'étalon d'or
entre les pays à étalon d'or et les pays à étalon d'argent.
Le système du change d'or peut être établi et maintenu

beaucoup plus facilement si les prix du lingot d'argent sont raisonnablement stables.

La valeur du lingot d'argent par rapport à l'or importe beaucoup moins que la fixité de son prix.

Le marché de l'argent semble actuellement enclin à se laisser trop influencer par des considérations de sentiment. Par exemple, la dernière grande baisse de l'argent semble avoir été causée surtout par la crainte que la demande de l'argent ne soit diminuée à la suite de l'adoption possible de l'étalon d'or par les Établissements des Détroits, les Iles Philippines, l'Indo-Chine française, le Siam et le Mexique. En réalité, la demande n'a pas diminué sensiblement et la grande baisse semble avoir été amenée uniquement par la crainte d'une limitation possible de la demande.

Dans les conditions présentes, où chaque nation fait ses achats d'une manière indépendante et très irrégulièrement, on ne peut pas prévoir quelle sera la demande. Il y a trois ans, l'Inde acheta, dans un espace de temps très court, 60 millions d'onces. Depuis lors, ses achats ont été presque nuls. Si la demande pouvait être un peu régularisée, cela aiderait à donner de la stabilité aux prix.

La quantité d'argent sur le marché est assez bien connue. Le montant total de la production d'argent pendant plusieurs années a été en moyenne de 170 millions d'onces environ, et cela avec des variations de prix allant de 30 pence 1/4 par once en 1900, à 21 pence 5/16 par once en 1902.

La vente de l'argent est, dans une large mesure, entre les mains de quelques établissements. Le marché de Londres fixe, semble-t-il, les prix pour le monde entier.

En conséquence, si la demande d'argent était assez régulière, il serait possible à ces quelques vendeurs de maintenir un prix stable. Or, la demande est surtout représentée par les Gouvernements. Il suffirait donc qu'ils s'entendissent pour régulariser leurs achats.

Pour réprimer les tentatives de hausse, les Gouvernements, tout en indiquant à l'avance leurs besoins probables par année, arrêteraient leurs achats quand le prix atteindrait un maximum donné, 28 pence par exemple (1).

Toutes ces propositions faites par les délégués américains, qui, dès le début, avaient pris la direction des débats, ne laissaient jouer aux délégués mexicains qu'un rôle assez effacé; cependant ceux-ci exposèrent, devant la conférence réunie à Londres, les vues particulières de leur Gouvernement.

Celui-ci, en prenant l'initiative d'une conférence internationale, avait désiré, déclarèrent-ils, attirer l'attention des Puissances sur ce que le Mexique, étant le pays du monde qui produit le plus d'argent, se trouve placé, en ce qui concerne le problème monétaire, dans des cir-

(1) *Report on the introduction of the gold-exchange standard,* etc. etc., pp. 55 et suiv.

constances tout à fait exceptionnelles. Tout en s'efforçant de remédier à sa situation monétaire, il doit faire en sorte de réduire le moins possible la consommation de l'argent, de peur que, les autres pays à monnaie d'argent venant à suivre son exemple, le marché de l'argent ne soit profondément troublé, au détriment des pays à monnaie d'or.

Mais une telle politique ne peut avoir de chances de succès que s'il intervient un accord entre les différents pays intéressés pour assurer au prix du lingot d'argent la plus grande stabilité possible ; et qu'on ne dise pas que les pays à étalon d'or n'ont aucun intérêt à ce que le lingot d'argent conserve une valeur stable; leur système monétaire, qui comporte une forte proportion de circulation argent, ne peut avoir toute la solidité désirable qu'à cette condition.

Les délégués mexicains montraient alors, à l'aide de chiffres, que l'état économique du marché de l'argent se prête, plus qu'on ne semble le croire, à une régularisation des cours :

C'est une opinion générale en Amérique et en Europe que la production de l'argent est en excès sur la consommation. Cette façon de voir était fondée avant 1893, mais depuis dix ans, l'état des choses a changé quelque peu, et aujourd'hui il n'est plus vrai de dire qu'il y ait surproduction de l'argent. La période de surproduction s'est étendue entre 1873 et 1893.

En 1893, les Hôtels des monnaies des Indes furent fer-

més à la frappe et le Shermann Act fut abrogé ; ces événements, arrivant coup sur coup, répandirent sur le
monde entier le découragement le plus profond. La dé-
tresse se fit plus grande encore quand les conférences
de Paris et de Bruxelles eurent échoué, et cependant le
métal blanc faisait l'objet de demandes toujours crois-
santes, tant pour les besoins de la frappe que pour ceux
de l'industrie et de l'art.

D'après des statistiques élaborées par les soins du Gouvernement mexicain, on peut évaluer la production et la
consommation, pour les douze dernières années, de la
façon suivante :

Production

	Onces
Moyenne annuelle.	159 453 567

Consommation

Frappes	93 604 000
Industrie.	28 147 825
Indes anglaises.	24 202 600
Chine.	12 000 000
Perse, Saint-Domingue, etc. . . .	1 000 000
Total annuel.	158 954 425

La légère différence qui ressort en défaveur de la consommation ne provient certainement que de petites
inexactitudes dans les statistiques, puisqu'il n'y a eu, à
aucun moment, pendant ces dernières années, accumulation de stocks d'argent.

Si l'équilibre entre la production et la consommation a été aussi parfait, comment s'explique la baisse continue du prix de l'argent?

Selon les délégués mexicains, la raison principale est que les quatre cinquièmes de l'argent sont exploités à titre de produit secondaire; il en résulte que son coût de production, qui se confond avec celui d'autres métaux, n'a plus d'action régulatrice sur le marché.

Une autre raison est que l'argent est vendu non par les producteurs, mais par les fondeurs; or, ceux-ci ne cherchent pas à spéculer sur le prix de l'argent, mais simplement à assurer la juste rémunération de leurs services. Ils sont anxieux de vendre leur argent le jour même où ils l'ont acheté, de façon à ne pas encourir les dangers d'une fluctuation des cours.

Dans ces conditions, l'argent est dépêché à Londres aussitôt affiné, et comme les ventes se font sans qu'on ait égard à l'état du marché, rien ne s'oppose au désir naturel des acheteurs, d'acheter à des prix toujours plus bas.

Les Mexicains faisaient aussi la part de la spéculation qui, instruite par une expérience de trente ans, s'engage tous les jours davantage dans la voie de la baisse, vendant à des prix inférieurs l'argent non encore extrait. Le vendeur n'a aucun moyen de résister aux spéculateurs parce que, étant donnée l'irrégularité des achats réels dont les Gouvernements sont les principaux auteurs, il peut toujours craindre de voir ses stocks demeurer à sa charge.

Et pour montrer que l'élément moral est un des facteurs principaux de la baisse de l'argent, les Mexicains faisaient remarquer qu'il a suffi de publier les statistiques exactes de la production et de la consommation de l'argent pour provoquer une amélioration sensible des cours : En novembre 1902, ils cotaient 21 pence 5/16 ; en juillet 1903, ils s'étaient avancés à 25 pence 1/2.

Dans ces conditions, les Mexicains estimaient qu'on obtiendrait une stabilité suffisante des cours de l'argent si les principales Nations s'engageaient à acheter annuellement les quantités suivantes :

	Onces
Autriche-Hongrie	4 000 000
Chine	18 000 000
Cuba	1 000 000
France : Pour les besoins de la frappe et pour l'Indo-Chine, etc. .	7 000 000
Grande-Bretagne : Pour les besoins de la frappe . . .	5 000 000
Pour les Indes, Hong-Kong, les détroits et autres dépendances	25 000 000
Allemagne	3 000 000
Japon	5 000 000
Mexique	4 000 000
Russie	5 000 000
Espagne	3 000 000
Etats-Unis : Pour les besoins de la frappe	6 000 000
Pour les îles Philippines .	10 000 000
Total.	96 000 000

Les achats seraient faits par les banques d'Etat et par les banques en relations avec l'Extrême-Orient.

L'argent serait acheté mensuellement, dans la proportion de 8.000.000 d'onces environ.

Le prix d'achat ne devrait pas excéder 28 pence. Les achats seraient suspendus chaque fois que les cours dépasseraient ce prix.

Dans le cas où les achats seraient suspendus pendant quelque temps, ils devraient être repris, avec plus d'ampleur, dès que l'état du marché le permettrait, de façon à ce que le total des achats de l'année soit égal aux quantités fixées.

L'accord serait fait pour une période de six ans.

Les délégués mexicains concluaient en faisant remarquer qu'un semblable accord faciliterait singulièrement la tâche des pays qui, à l'égal du Mexique, se voient dans la nécessité d'apporter un remède à leur situation monétaire (1).

Ces propositions reçurent partout un accueil empreint de la courtoisie la plus parfaite, mais les encouragements prodigués par les délégués des différentes Nations restèrent toujours de pure forme, et nulle part on n'en vint à discuter sérieusement l'application pratique des projets américains et mexicains.

La commission se rendit tout d'abord à Londres où elle fut reçue, dans le courant du mois de juin 1903, par

(1) *Report on the introduction of the gold-exchange standard*, etc.; p. 173 et suivantes.

sir James Mackay, signataire du dernier traité anglo-
chinois, qui présida les travaux de la conférence, par sir
Ewen Cameron, de la *Hong-Kong and Shanghai Bank*;
Robert Chalmers, du *Treasury Department*; G.-
W. Johnson, du *Colonial Office*; W. Blain, C.-A. Philli-
more.

Les travaux de la conférence furent de très courte durée; l'échange de vues porta surtout sur l'introduction
en Chine d'un système uniforme basé sur l'étalon d'or.
Les Anglais insistèrent sur les difficultés pratiques d'une
telle réforme, qui, à leur avis, n'aurait de chances de
succès que dans un avenir plus éloigné.

La conférence se termina par un protocole signé des
délégués des quatre pays, où l'on se bornait à reproduire
sous forme de vœux les propositions américaines.

Relativement aux achats d'argent, il était dit : « que
les fluctuations dans le prix du lingot d'argent, pourraient
être évitées, dans une certaine mesure, si l'on apportait
plus de régularité aux achats d'argent faits par les Gouvernements pour les besoins de la frappe et que cette régularité désirable dépendait de chaque Gouvernement,
eu égard à sa politique monétaire et à ses intérêts ».

Cette manière habile de présenter la chose permettait aux délégués anglais de réserver leur opinion sur les
achats d'argent que pourrait faire l'Angleterre. D'ailleurs
ces délégués avaient reçu un mandat de caractère offi-
cieux qui ne devait engager en rien la liberté du Gouvernement.

Les délégués américains et mexicains firent annoncer leur arrivée au Gouvernement de la République française, par leurs ambassades respectives, dès le courant du mois de mai.

Un échange de vues eut lieu entre M. Rouvier, ministre des Finances, et le ministre du Commerce (1), et il en résulta qu'on se déciderait, à l'exemple du Gouvernement anglais, à faire bon accueil aux délégués, mais que les entretiens qui pourraient avoir lieu ne revêtiraient en aucune façon le caractère d'une conférence.

Le Gouvernement nomma en conséquence, pour être mis en relations avec les délégués étrangers, MM. G. Pallain, gouverneur de la Banque de France, auquel fut confié le fauteuil de la présidence; G. de Liron d'Airoles, sous-gouverneur de la Banque de France; A. Arnauné, directeur de la Monnaie; A. Benac, directeur du mouvement des fonds au ministère des Finances; Maurice Bloch; Robert Vasselle, directeur de l'Asie au ministère des Colonies; Yves Guyot; Stanislas Simon, directeur de la Banque d'Indo-Chine; Raphaël-Georges Lévy; A. Athalin, auditeur au Conseil d'Etat, faisant fonctions de secrétaire.

A l'issue des travaux du comité qui, à aucun moment, n'eut le caractère d'une conférence internationale, et qui

_____

(1) Il ressort de la correspondance échangée entre les ministres qu'ils étaient tous deux plutôt opposés à prendre part à la conférence, mais qu'ils finirent par se ranger à l'avis du ministre des Affaires étrangères. *Archives du ministère des Affaires étrangères.*

ne donna lieu à aucun procès-verbal, les délégués français firent parvenir au ministre des Finances un rapport qui sembla à celui-ci suffisamment prudent pour être communiqué aux ambassades intéressées, pourvu qu'il fût fait toutes réserves relativement à l'opinion du Gouvernement (1).

Ce document est des plus intéressants par la fermeté de son langage et la rigueur de ses raisonnements.

Dès les premiers mots, les délégués montrent qu'ils ne se font pas illusion sur le but de la conférence :

« Pour examiner utilement les cinq propositions du *Memorandum*, il sera nécessaire, disent-ils, de rechercher, au delà du texte imprécis, la portée véritable des suggestions proposées. »

En ce qui concerne la proposition d'instituer, dans les pays à monnaie d'argent, un régime monétaire uniforme ayant pour base une monnaie d'or avec circulation fiduciaire d'espèces d'argent, à cours légal illimité, les délégués français concluent, après de nombreuses critiques, en disant :

« Toutes compensations faites, la balance pourrait bien ne plus pencher du côté des avantages, comme se le promettent, dans tous les cas, les délégués étrangers ».

Passant au projet de système monétaire pour la Chine, la commission ne peut se dissimuler, « que le problème est, pour la Chine particulièrement, malaisé à résoudre. »

_____

(1) Lettre de M. Rouvier à M. Delcassé, 1er août 1903. *Archives du ministère des Affaires étrangères.*

Les délégués combattent ensuite le troisième paragraphe du *Memorandum* qui exprime le vœu que tous les pays qui passeront de la monnaie d'argent au régime proposé adoptent le même rapport légal entre l'or et l'argent et fixent ce rapport, s'il ne survient pas de nouvelle baisse du métal blanc, à 1/32.

Selon eux, « l'une des conditions de succès des réformes projetées se trouve être précisément la nationalisation rigoureuse des monnaies fiduciaires d'argent, dans chaque pays ou colonies intéressée ».

Enfin les délégués français, abordant les propositions relatives à la stabilisation des cours de l'argent, s'expriment ainsi :

« Il a paru impossible de suivre sur ce terrain les délégués étrangers dont la proposition soulève des objections de diverses natures.

« Sans s'arrêter à ce qu'il y aurait, à première vue, d'anormal dans la création d'un syndicat d'acheteurs ayant pour objectif de maintenir les prix, il ne semble pas que les Nations européennes, dont quelques-unes sont déjà surchargées de métal argent, puissent prendre l'engagement même moral de procéder à de nouveaux achats en vue de besoins éventuels qui peuvent ne pas se présenter.

« En outre, l'assertion que la baisse de l'argent ne persisterait pas si la loi de l'offre et de la demande fonctionnait dans des conditions normales, paraît très contestable.

« Le fait que la consommation dans ces dernières

années a égalé la production, ne peut être considéré
comme une démonstration suffisante. Ce n'est pas seulement la quantité apportée sur le marché qui agit sur les
prix, c'est aussi le stock que le producteur serait en mesure d'y jeter éventuellement. Or, l'argent ne vient pas
seulement des mines où il n'est qu'un sous-produit,
mais aussi, dans une certaine proportion, de mines d'argent proprement dites qui, vraisemblablement, pourraient, si les prix augmentaient, accroître leur production.

« D'autre part, si, dans ces dernières années, la consommation a absorbé tout l'argent métal venant sur le
marché, sait-on si elle conservera la même puissance
d'absorption? L'Espagne vient de suspendre la frappe
de la pièce de cinq pesetas. Plusieurs pays, reprenant
les paiements en espèces, ont dû constituer, ce qui n'est
qu'une opération exceptionnelle et purement temporaire,
des réserves importantes de monnaie d'appoint. Maintenant que ces besoins sont satisfaits, ne va-t-il pas se
produire un ralentissement de la consommation? On
n'oserait pas affirmer le contraire.

« Aussi semblerait-il périlleux de s'engager dans une
série de mesures, qui, suivant les délégués étrangers,
n'auraient d'autre but que de régulariser l'action des
lois naturelles, mais qui, en réalité, auraient peut-être
une tout autre portée et viseraient à soutenir artificiellement les cours de l'argent.

« L'expérience déjà faite sur une grande échelle, par

les Etats-Unis, a démontré, une fois de plus, l'inanité de toute tentative de cette nature.

« Pour maintenir le cours commercial de l'argent, les pays producteurs invitent les pays consommateurs à régulariser la demande, alors qu'ils se déclarent hors d'état de régulariser l'offre.

« Il est inutile d'insister sur le caractère anormal d'une proposition qui tend à provoquer de la part de l'Europe une intervention contraire à tous les principes économiques pour fixer le prix d'une marchandise, au moment même où l'on déclare que, par fidélité aux mêmes principes, on ne peut pas se résigner à régulariser la production (1). »

Les délégués français n'ont pas craint, comme on le voit, de dévoiler le fond de leur pensée. Pas une des propositions américaines ne reste intacte, et celle à laquelle les Américains attachaient certainement le plus de prix est traitée sur un ton qui ne laisse pas de doute sur le sentiment des auteurs du rapport.

A La Haye, les commissaires mexicains, américains et chinois furent reçus par MM. Pierson, Boissevain et Bochussen.

Dans le rapport (2) qui fut remis par les délégués hollandais, sous leur responsabilité exclusive, aux commissaires étrangers, les propositions relatives à l'établissement d'un nouveau régime monétaire en Chine et dans

(1) *Report on the introduction*, etc., p. 142.
(2) *Report on the introduction*, etc., p. 130.

les autres pays à circulation d'argent, formaient l'objet principal de la discussion.

Les délégués faisaient remarquer que la suppression de la liberté de la frappe n'assurerait pas une fixité suffisante à la circulation. La circulation peut devenir trop abondante par suite d'une trop large émission de billets de banque. Des arrangements peuvent être, il est vrai, faits en vue de permettre au Gouvernement de tirer des traites sur des places étrangères, au cas où le change extérieur viendrait à s'élever; mais il ne serait pas prudent de faire fond sur ce moyen, qui ne doit être employé que comme dernière ressource. Un pays doit être capable de maintenir son système monétaire en équilibre sans avoir recours aux autres pays. D'ailleurs, ces billets résultant de crédits ouverts sur des banques étrangères, ne seraient peut-être pas facilement acceptés par les banques principales, comme ne présentant pas le caractère de billets de commerce, et alors quelle serait la situation du Gouvernement?

Une difficulté spéciale au Mexique résulte de la quantité considérable de piastres existant en Extrême-Orient. Comment le Gouvernement empêchera-t-il que ces piastres ne soient offertes en échange des nouvelles pièces qu'on se propose d'émettre? L'interdiction de la réimportation des anciennes piastres, outre qu'elle n'est pas un moyen très sûr, entraîne de graves difficultés.

Pour ce qui est de la Chine, les délégués estiment que la mesure préliminaire à toute réforme devrait être la

création d'une banque centrale, dégagée de toute influence politique.

Enfin le rapport ne dit presque rien du projet d'entente internationale pour régulariser les achats d'argent :
« Si ce but peut être atteint, les fluctuations de l'argent
sur les marchés de New-York et de Londres seront di-
minuées. Nous ne pouvons qu'exprimer notre espoir que
vos efforts dans ce sens aboutissent à un plein succès. »

Les délégués étrangers se rendirent ensuite à Berlin
où ils furent mis en relations avec un groupe d'économistes, de fonctionnaires et de banquiers, sous la présidence du Docteur Koch, président du conseil de la
Reichsbank.

Une lettre de notre ambassadeur à Berlin, en date du
2 août 1903, nous apprend « que les délégués allemands
ne furent pas très encourageants, mais que cependant
les travaux de la commission furent suivis avec ardeur
par le public » (1).

De fait, les Allemands se contentèrent de reproduire,
sous la même forme, le protocole qui avait été signé à
Londres, mais ils le firent suivre d'une déclaration qui
lui enlevait toute portée pratique.

Il était dit, en effet, dans cette déclaration, que l'Allemagne ne serait pas, d'ici quelque temps, en état de se
présenter comme acheteur sur le marché de l'argent,
parce que, d'après sa loi monétaire, la matière nécessaire

(1) *Archives du Ministère des Affaires étrangères.*

à la nouvelle frappe des monnaies d'argent impériales serait prise à la provision existante de thalers, provision qui suffira à ce but pendant des années, et parce qu'en outre le montant du numéraire argent dépassait pour le moment les besoins réels du commerce d'environ cent millions de marcks : « da Deutschland, nach seiner Münzgesetzgebung, das zur Neupraegung von Reichssilbermünzen erforderliche Material den vorhanden Talervorrat entnimmt, der für diesen Zweck noch für Jahre hinaus ausreicht und da ferner der deutsche Silbergeldbestand zur Zeit den tatsächlichen Verkehrsbedarf um etwa Hundert millionen Mark übersteigt » (1).

A Saint-Pétersbourg, les délégués russes, présidés par M. de Ploske, gouverneur de la Banque impériale, ne furent pas plus encourageants. L'entretien porta surtout sur le projet de réforme monétaire pour la Chine, que les délégués russes combattirent pour différentes raisons (2) :

Les vice-Rois de Chine s'opposeront toujours, assurèrent-ils, à l'unification de la monnaie parce qu'ils gagnent trop sur le change en transformant la monnaie locale en *chauping taëls*, pour faire leurs remises au Gouvernement central.

On doit s'attendre, de la part des établissements de crédit chinois et européens, à une grande opposition, parce que le change est leur principale source de gain.

(1) *Report on the introduction*, etc., p. 133.
(2) *Idem*, p. 101.

Le projet américain oublie de réglementer la monnaie de billon ou *sapèque* qui est la principale monnaie circulante et dont les fluctuations sont énormes.

La parité fixe avec l'or ne pourrait s'obtenir qu'en faisant des emprunts énormes pour avoir une réserve d'or : La Chine ne pourrait supporter ce poids.

Pour décider le peuple à faire frapper les lingots actuellement courants, il faudrait établir une prime sur la monnaie, mais cela aurait pour inconvénient d'attirer en Chine justement les lingots dont on voudrait se débarrasser.

Pendant la période de transition, le régime monétaire sera encore plus néfaste à la Chine parce que le change aura encore plus de fluctuations entre une place qui aura déjà la nouvelle monnaie et une autre qui ne l'aura pas encore.

Malgré toute la justesse de ces observations, on ne peut qu'en être surpris, étant donné que, quelques mois auparavant, le Gouvernement russe avait fait à la Chine des propositions analogues.

En effet, notre agent consulaire à Shanghaï annonçait, en mars 1903, que le Gouvernement russe aurait, dans les premiers jours du mois de janvier, invité le Gouvernement chinois à étudier la modification de son système monétaire, question dont il serait prêt à faciliter la solution en fournissant à la Chine l'appoint en or qui lui serait nécessaire (1).

(1) *Archives du ministère des Affaires étrangères.*

Il est vrai que les délégués russes déclarèrent ne pas être opposés à un projet qui aurait pour but d'uniformiser simplement la monnaie d'argent, sans chercher à établir entre elle et l'or une parité fixe.

Pour ce qui est de la proposition d'achats réguliers d'argent, les délégués déclarèrent que la Russie n'avait aucun intérêt à la stabilisation de l'argent, son régime monétaire la dispensant de la frappe de l'argent et le pays n'étant producteur de ce métal que dans une très faible mesure.

Ainsi, dans toutes les capitales de l'Europe, les réponses que reçurent les délégués furent des plus vagues, sinon des plus décourageantes. Néanmoins la tâche de la commission n'était pas encore achevée, il restait à visiter les pays d'Extrême-Orient et particulièrement la Chine à laquelle il devait être rendu compte des efforts tentés et des résultats obtenus.

Par une lettre du 24 octobre 1903, M. J. Hay, secrétaire d'État du Gouvernement de Washington, chargea M. W. Jenks de cette mission. Il lui recommandait d'exposer ses vues au Gouvernement impérial, aux vice-Rois, aux banquiers et hommes d'affaires, chinois et étrangers, et d'essayer de s'assurer le concours des autres Gouvernements intéressés. M. Jenks se rendit tout d'abord à Tokio où il fut reçu par une assistance nombreuse présidée par M. J. Sakatani, vice-ministre des Finances.

Les Japonais (1) se montrèrent particulièrement favorables au projet d'adoption, pour la Chine, d'un système monétaire uniforme basé sur l'étalon d'or. Ils sont en effet les premiers à souffrir de l'absence de monnaie chinoise. La fixité du change assurerait à leurs articles d'exportation sans cesse plus considérables des débouchés certains dans le Céleste Empire.

Quant aux autres propositions américaines, les Japonais les accueillirent avec bienveillance, mais sans enthousiasme. Ils terminèrent leur rapport en souhaitant que l'argent acquière plus de fixité, mais en faisant toutes réserves sur l'accueil que pourrait faire leur Gouvernement aux propositions d'achats réguliers de ce métal.

Nous avons peu de renseignements sur la façon dont se termina la mission de M. Jenks. Nous savons seulement, par une lettre du Consul de France à Bombay, que la presse indienne se montra plutôt hostile aux vues du délégué américain.

Le Gouvernement de l'Inde ne crut pas devoir entrer dans la voie des pourparlers.

Le Gouvernement d'Indo-Chine, ayant intérêt à suivre la même politique, agit de même.

Quant à la Chine, il semble que le professeur Jenks réussit en partie à la convaincre de la nécessité d'entrer dans la voie de la réglementation monétaire.

(1) *Report on the introduction*, etc., p. 161.

Toujours est-il que par un premier décret en date du 19 novembre 1905, le Gouvernement impérial ordonna de faire frapper des pièces uniformes types dans quatre provinces. Ces pièces devaient avoir partout cours légal, sans que les pièces existantes fussent exclues pour cela des transactions. Un autre décret en date du 21 novembre interdisait la frappe des pièces de cuivre à tous les Hôtels des monnaies de province, et ordonnait leur remplacement par une monnaie centrale frappée à Tien-Tsin.

Ces mesures, outre qu'elles seront difficilement exécutées, ne semblent pas avoir une grande portée, puisqu'elles ne stabilisent ni le change intérieur entre les monnaies d'argent et les monnaies de cuivre, ni le change extérieur entre les monnaies d'argent et les monnaies d'or.

Après avoir rendu compte des travaux de la Commission internationale, tant en Europe qu'en Extrême-Orient, nous devrions, pour être complet, essayer de porter sur elle un jugement d'ensemble. Mais les doutes que nous avions au début de ce chapitre n'ont guère été élucidés par l'examen des faits.

Et d'abord, d'où partait la véritable initiative ?

Malgré les apparences, le Mexique et la Chine semblent y avoir été pour peu de chose.

Partout les Américains ont joué le premier rôle, il n'est question dans tous les rapports que des « proposi-

tions américaines » ; les délégués mexicains laissent à
M. Jenks le soin de se rendre en Extrême-Orient. Quant
aux délégués chinois, ils semblent avoir été beaucoup
plutôt spectateurs qu'acteurs.

D'ailleurs les États-Unis ne faisaient en cela que reprendre une tradition déjà longue : presque toutes les
conférences monétaires ont été provoquées par eux, et
ils semblent s'être fait un monopole de ces questions.

Le but de la conférence se dégage mieux après l'analyse complète de ses propositions.

Les délégués français l'ont fait nettement ressortir
dans leur rapport, empreint d'une fermeté et d'une indépendance qu'on ne retrouve pas dans les déclarations
des autres délégués.

Il s'agissait avant tout de soutenir artificiellement le
cours de l'argent comme cela avait été déjà tenté aux
États-Unis par le Bland Bill et le Shermann Act. Toutes
les autres considérations d'ordre scientifique ou politique étaient destinées à pallier le caractère intéressé de
la demande.

S'il subsistait quelque doute à cet égard, la présence
dans la délégation américaine en Europe d'un représentant de l'*Américain Smelting and Rifining Company*,
trust des fonderies, et du Trésorier du *Morton-trust*,
intéressé dans les mines de plomb argentifère, suffirait
pour ouvrir les yeux.

Quant aux résultats, ils ont été nuls, comme nous

l'avons vu. Pas une Puissance n'est entrée sérieusement dans la voie des pourparlers.

Encore, l'attitude aimable de l'Angleterre, la première Nation consultée, a-t-elle été pour beaucoup dans la façon dont les délégués ont été reçus ailleurs ; et cette bienveillance de l'Angleterre ne s'explique-t-elle pas par ce fait qu'étant maîtresse du marché de l'argent, ses intérêts se confondent avec ceux des pays producteurs d'argent ?

D'ailleurs, M. Limantour qui, en prenant l'initiative de la conférence, agissait vraisemblablement selon les inspirations du Cabinet de Washington, n'avait pas grande confiance dans le succès de sa démarche.

Notre ambassadeur, à Washington, écrivait en effet le 30 janvier 1903 :

« D'aucuns prétendent que le siège de M. Limantour est fait et que la nomination de la commission internationale a eu pour principal objet de gagner du temps et de calmer les impatiences qui commençaient à se manifester. Mais l'idée d'établir l'étalon d'or est arrêtée dans son esprit (1). »

(1) *Archives du ministère des Affaires étrangères.*

CHAPITRE II

LA RÉFORME MONÉTAIRE DU 25 MARS 1905

Travaux de la Commission intérieure ;
Exposé des motifs et projet de loi du 16 novembre 1904 :
    Section I : Dispositions essentielles de la Réforme.
    Section II : Compensations accordées aux producteurs d'argent.
    Section III : La circulation de l'or au Mexique.

Pendant que les délégués mexicains parcouraient le monde pour voir si la réforme projetée ne pourrait pas être favorisée et simplifiée par une entente internationale, la commission nommée par M. Limantour, pour étudier la question au point de vue purement national, continuait ses travaux. Elle avait été, comme nous l'avons vu, divisée en sous-commissions plus spécialement chargées d'examiner chaque face du problème.

La majorité, composée d'hommes d'affaires et de banquiers, s'était déclarée en faveur de l'étalon d'or, avec circulation d'argent. Une réserve en or peu importante, qu'on constituerait à l'aide d'un emprunt ou avec la coopération des banques, leur semblait suffisante pour assurer la fixité de la piastre d'argent.

La minorité, composée des producteurs d'argent et des agriculteurs, se déclarait en faveur du *statu quo*, qui, prétendaient-ils, en développant les exportations, rendrait les changes de jour en jour plus favorables.

La quatrième sous-commission, qui avait pour attribution d'analyser les effets bons ou mauvais de la baisse de l'argent, avait terminé ses travaux en déclarant qu'il convenait au Mexique de donner la plus grande fixité possible à ses changes internationaux, tout en respectant les intérêts créés par la hausse du change. Elle recommandait en conséquence l'adoption d'un rapport de valeur entre l'or et l'argent se rapprochant de la moyenne atteinte pendant les dix dernières années et elle fixait ce rapport à 1 sur 33, correspondant à un change effectif sur New-York de 201,22 0/0.

La commission tint sa dernière réunion au Palais National de Mexico, le 10 février 1904, sous la présidence de M. Limantour à qui elle rendit compte de ses travaux et des conclusions auxquelles elle avait abouti.

Ces conclusions étaient ainsi conçues :

ARTICLE PREMIER. — Pour obtenir la stabilité du change international, la commission monétaire conseillera au Gouvernement l'adoption d'un système basé sur l'étalon d'or.

ARTICLE 2. — 1° L'adoption immédiate de l'étalon d'or, avec l'or en circulation, ne sera pas conseillée.

2° Au contraire, la commission croit que le meilleur moyen d'arriver à la circulation courante de l'or au Mexique est d'adopter, pour un temps, un système qui fera circuler la monnaie d'argent dans le pays en quantités aussi considérables que possible, sans nuire, dans la pratique, au maintien du rapport avec l'or qui aura été adopté.

ARTICLE 3. — Pour arriver à ce but, les moyens suivants seront conseillés :

1° Les Hôtels des monnaies du Mexique seront fermés à la frappe libre de l'argent, et réimportation au Mexique des piastres actuelles sera prohibée, dans un délai convenable, sous les peines qui punissent la contrebande ou sous toute autre peine édictée spécialement.

2° A. — Comme base fondamentale du nouveau régime monétaire, un rapport fixe entre l'or et la piastre nouvelle sera adopté. Le chiffre de ce rapport sera calculé d'après le prix moyen en or de la piastre actuelle sur les marchés du monde pendant les dix dernières années, prix qui ne pourra être majoré que de 10 0/0, au plus.

B. — Il ne sera pas frappé tout d'abord de monnaies d'or pour le compte du Gouvernement ou des particuliers. Cette frappe sera différée jusqu'à ce que la piastre nouvelle ait atteint le pair avec l'or et que, dans l'opinion du Gouvernement, la circulation de monnaies d'or ne puisse pas nuire au maintien de cette parité (1).

(1) Economiste Européen 1905 ; *La réforme monétaire mexicaine*, par Edm. Thery.

M. Limantour avait depuis quelque temps déjà préparé les voies à la réforme qu'il projetait, aussi s'empressa-t-il, dès que les travaux de la commission furent terminés, de déposer sur le bureau des Chambres un projet de loi qui s'inspirait largement des vues de la commission.

Le ministre des Finances faisait précéder son projet de loi d'un exposé des motifs (1) où tous les points importants de la réforme étaient examinés.

Faisant d'abord un résumé rapide du progrès réalisé par le Mexique, dans toutes les branches de l'activité, depuis trente ans, le ministre essayait d'en déterminer les causes.

« La coïncidence de cette prospérité, avec les vicissitudes par lesquelles a passé la valeur de la piastre mexicaine, ne prouve d'aucune manière qu'il existe une relation exclusive et déterminante de cause à effet, puisqu'il est intervenu d'autres facteurs importants, les uns purement occasionnels, les autres provoqués par l'action du Gouvernement. »

Le ministre insistait sur ce que les effets du change, en admettant qu'ils aient été favorables à la production, ne pouvaient être que transitoires. Peu à peu, sous l'influence de la dépréciation de la piastre, les bénéfices résultant du change diminuent, puisque, l'ensemble des

(2) Projet de loi du 16 novembre 1901 et exposé des motifs publiés dans le *Recueil officiel* intitulé : *Leyes y disposiciones relativas a la reforma monetaria*, Mexico, 1905.

prix s'élevant, le coût de production suit une progression croissante.

D'ailleurs, un autre argument plus sérieux en faveur d'une réforme est, selon le ministre, le préjudice direct, et pour longtemps irrémédiable, que la hausse des prix cause à la classe des travailleurs qui n'ont pas trouvé, dans l'élévation du prix des services qu'ils prêtent, une compensation correspondant à la hausse des prix des articles qu'ils consomment.

La dépréciation de la piastre n'est cependant pas ce à quoi le ministre se propose de remédier. Quelles qu'aient été ses conséquences, il s'est fait une adaptation des conditions économiques du pays qu'il serait dangereux de troubler. Le mal dont souffre indiscutablement le Mexique est l'instabilité du type des changes, et c'est à ce mal qu'il faut, à tout prix, porter remède.

« Or, disait le ministre, il n'y a que deux moyens pour obtenir la fixité de valeur de la monnaie d'argent sans recourir au bimétallisme irréalisable dans les conditions actuelles : ou bien maintenir artificiellement le rapport de valeur des deux métaux précieux sur tous les marchés du monde, ou bien limiter la quantité de monnaies à ce qui est indispensable aux besoins de la circulation intérieure afin de rendre la valeur de celle-ci indépendante de la valeur du métal. »

Le premier moyen tenté par la délégation mexicano-américaine ayant échoué, le Gouvernement a dû se décider à employer le second :

« A cet effet, la première mesure qu'impose la réforme monétaire est l'adoption du principe en vertu duquel la frappe des monnaies doit être limitée aux besoins. »

Pour défendre cette mesure contre les attaques des producteurs d'argent, le ministre montrait que dans le nouvel état de choses, ils se trouveraient dans les mêmes conditions que les producteurs d'autres marchandises ; la production minière sera dorénavant réglée par la valeur du métal, alors que jusqu'ici, par suite de l'identification de la monnaie avec le métal, les producteurs ne subissaient pas les fluctuations des cours. Il y aura là, il est vrai, une source de malaise pour l'industrie minière, mais elle sera compensée dans une certaine mesure par l'avantage qu'auront les producteurs de voir les matières premières et les machines nécessaires à leur industrie, soustraites à l'action des changes. Le ministre promettait en outre de refondre la législation fiscale des exploitations minières dans un sens favorable à ces dernières.

En ce qui concerne l'impossibilité où seront les producteurs d'argent d'échanger leurs lingots contre des piastres aux Hôtels des monnaies, le ministre s'exprimait ainsi :

« Le problème sera résolu par l'établissement d'un service qui, lorsqu'il ne sera pas frappé de piastres pour l'exportation directe ou de monnaies divisionnaires, consentira des avances aux propriétaires de barres d'argent et vendra celles-ci au mieux de leurs intérêts. »

Le ministre montrait ensuite que la suppression de la liberté de la frappe entraînait comme corollaire la prohibition de la réimportation au Mexique des piastres qui en étaient sorties. Sans cette mesure, le but à atteindre, c'est-à-dire la limitation du numéraire au besoin des transactions, serait manqué.

Il se déclarait opposé à tout changement dans le poids ou le titre de la piastre existante, opération qui aurait le double inconvénient d'être coûteuse, et de troubler les habitudes du pays.

Après avoir énuméré les moyens dont il préconisait l'usage pour accomplir la réforme, le ministre arrivait au point essentiel, c'est-à-dire : la fixation de la valeur en or que la réforme devait assurer à la piastre.

Il proposait de donner à la nouvelle piastre la valeur de 75 centigrammes d'or fin, ce qui la rendrait sensiblement égale à la moitié du dollar américain. La piastre conservant son ancien poids de 24 gr. 4388, le rapport d'équivalence entre l'or et l'argent serait égal à :

$$\frac{0,75}{24,4388} = \frac{1}{32,5855}.$$

Le ministre jugeait inutile et dangereux de décréter brusquement la parité légale. Pour ne pas apporter une trop grande perturbation dans les affaires, il conseillait de laisser s'établir la parité par le simple jeu de la réforme qui, en raréfiant peu à peu le numéraire, en ferait monter la valeur jusqu'à la parité fixée.

M. Limantour terminait son exposé des motifs en se déclarant opposé, du moins pour le moment, à la constitution d'un fonds de réserve en or. Cela grèverait inutilement, selon lui, le pays et n'aurait pour effet que de hâter l'établissement de la parité légale, ce qui serait plutôt un inconvénient.

Le projet de loi, soumis à l'approbation des Chambres le 16 novembre 1904, était ainsi conçu :

ARTICLE 1er. — L'Exécutif de l'Union est autorisé à réformer les lois monétaires de la République, en fixant les sortes de monnaies qui auront cours légal, la valeur, le poids, le titre et autres conditions de ces monnaies, les limites dans lesquelles leur frappe et leur circulation seront admises, et en général, en établissant les prescriptions qu'il jugerait nécessaires pour perfectionner le système monétaire en l'adaptant aux nécesssités économiques de la République. En exerçant ces facultés, il se basera sur les règles suivantes :

A. — La piastre actuelle d'argent au titre de 24 grammes 4.388 dix millièmes d'argent pur et 2 grammes 6.342 dix millièmes de cuivre sera conservée avec un pouvoir libératoire illimité.

B. — Il sera attribué à cette piastre d'argent une valeur équivalente à celle de 75 centigrammes d'or pur.

C. — Les monnaies divisionnaires d'argent contiendront une quantité de ce métal inférieure à leur valeur proportionnello par rapport à la fraction de piastre qu'elles représentent.

D. — L'acceptation de ces monnaies divisionnaires dans un paiement pour une somme supérieure à 20 piastres ne sera pas obligatoire, ni celle des monnaies de bronze, pour une somme supérieure à une piastre.

E. — Les Hôtels des monnaies ne seront plus obligés de frapper les métaux précieux qui leur seraient présentés.

L'émission de monnaies de toutes sortes sera réservée à l'Exécutif, afin qu'il puisse exercer cette faculté conformément aux lois, dans les conditions et pour le montant que celles-ci détermineraient.

ARTICLE 2. — L'Exécutif de l'Union est également autorisé à édicter les mesures suivantes :

A. — Interdire ou frapper de droits l'importation de piastres mexicaines sur le territoire de la République.

B. — Démonétiser les monnaies qu'il conviendrait, à son avis, de retirer de la circulation.

C. — Frapper, pour l'exportation, des piastres de coins antérieurs à l'actuel.

D. — Modifier, le cas échéant, le coin des piastres d'argent.

E. — Autoriser la circulation légale, pour une période limitée, des monnaies d'or d'autres Nations, en en fixant la valeur en monnaie mexicaine, si l'once standard d'argent vaut à Londres plus de 28 pence 1/2.

F. — Modifier les lois fiscales sur l'industrie minière

en diminuant les charges dont sont grevés dans leur ensemble les métaux précieux, par le 2 0/0 sur la frappe, le
3 0/0 du timbre, et les droits d'essai, d'affinage et de
séparation.

G. — Modifier les lois qui autorisent la perception d'un
droit de 10 piastres par *pertenencia* sur les titres des
mines, ainsi que l'impôt annuel sur les propriétés minières, de façon à favoriser les mines produisant des métaux précieux.

H. — Modifier la loi du 6 janvier 1887 dans un sens
permettant de réduire jusqu'à 1 1/2 0/0 le maximum de
2 0/0 auquel peuvent s'élever, d'après cette loi, les impôts locaux sur la valeur des métaux précieux.

I. — Exempter de droits d'importation les effets ou
articles destinés à l'industrie minière, ou réduire les
droits existants sur les dits articles.

J. — Organiser des bureaux qui, sans préjudice pour
le Trésor public, avanceraient des fonds sur la valeur des
barres d'argent et donneraient des facilités aux intéressés
pour la vente de ces barres, dans les meilleures conditions possibles, en prenant à cet effet des arrangements
convenables au Mexique et à l'étranger.

K. — Modifier la législation civile et commerciale en
matière de prestations et paiements en argent.

L. — Modifier les termes de la loi sur les banques qui
se rapporteraient directement ou indirectement à la circulation en espèces, ou qui affecteraient les titres de
crédits ou les opérations de change.

L.-L. — Nommer une commission dont la mission serait de régulariser la circulation monétaire et d'obtenir
dans toute la mesure du possible la stabilité du taux du
change extérieur.

A cet effet, l'Exécutif pourra donner à cette commission les attributions qu'il jugerait nécessaire et lui confier
en même temps le maniement d'un fonds spécial dont
l'Exécutif fixera le montant.

M. — Prendre toutes les dispositions convenables y
compris celles ayant pour but la répression et la puni-
tion des contraventions et délits sur la matière, organiser les services et bureaux nécessaires et faire les dépenses exigées aux fins ci-dessus exposées, en supprimant ou en modifiant les services publics actuels, leur
personnel et les crédits et dépenses autorisés par les lois
spéciales et par le budget des dépenses.

Ce projet de loi fut accepté sans modifications par la
Chambre et devint la loi du 9 décembre 1904 (1).

Nous allons, dans différentes sections, analyser les
parties essentielles de la réforme.

Dans une première section nous rendrons compte de
toutes les mesures qui ont été prises en vue de transformer le marché libre de la piastre en un marché clos.

Dans une seconde section nous passerons en revue les
différents avantages concédés aux producteurs d'argent

(1) Publié au *Diario Official*, le 9 décembre 1904.

pour compenser les inconvénients résultant, pour eux, de la réforn ·.

Enfin, dans une troisième section nous verrons quelles mesures ont été prises pour hâter la circulation de l'or au Mexique.

SECTION I

Dispositions essentielles de la réforme.

Loi du 23 novembre 1904 sur l'importation des piastres. — Loi du 25 mars 1905 sur le nouveau régime monétaire. — Insuffisance du procédé de la raréfaction du numéraire. — La Commission des changes et monnaies et le fonds régulateur. — Réglementation de la circulation fiduciaire (loi du 13 mars 1905).

Dans son exposé des motifs, M. Limantour affirmait qu'un seul moyen était suffisant pour stabiliser les changes : la raréfaction de la piastre.

Selon lui, pour arriver à donner à une monnaie une valeur différente de celle du métal qu'elle contient, il suffit d'élever des barrières entre le marché de la monnaie et le marché du métal, de rompre tous les ponts qui permettent de passer de l'un à l'autre (1).

Il repoussait tout autre moyen et particulièrement la constitution de réserves d'or.

Or, pour isoler la monnaie du métal, deux mesures

(1) C'est à Hume, Ricardo et Stuart Mill qu'est due la théorie quantitative de la monnaie.

sont nécessaires : la fermeture des Hôtels des monnaies et la prohibition de la réimportation de la monnaie circulant à l'étranger.

La fermeture des Hôtels des monnaies n'entraînait, pour le Mexique, aucune difficulté d'ordre international, tout pays étant libre de régler la frappe à sa guise ; mais il n'en était pas de même de la prohibition d'importer les piastres circulant à l'étranger.

Une Nation a-t-elle le droit de rejeter sa propre monnaie quand elle est sortie de chez elle ? Une monnaie est un instrument d'échange revêtu de l'empreinte de l'autorité publique qui lui assure le cours légal sur toutes les parties du territoire.

Les pays qui se sont rendus acquéreurs de piastres ne l'ont-ils pas fait sur la foi de la loi de 1867 qui ordonnait à toutes les caisses publiques de recevoir les pièces spécifiées dans la dite loi ? Les délégués hollandais, au cours de la Conférence internationale de 1903, ont attiré l'attention des Mexicains sur cette façon de voir.

Certes, ce raisonnement aurait toute sa valeur pour les pays qui envoient leur monnaie à l'étranger pour solder leur balance commerciale. Mais il n'en est pas de même pour le Mexique : Les piastres qu'il expédie tous les ans, en quantités énormes, en Extrême-Orient, n'ont pas la valeur d'une monnaie de compte, elles ne servent qu'indirectement à solder la balance du commerce extérieur, elles sont de véritables marchandises dont la demande varie selon les besoins, au même titre que l'argent en barres ou que tout autre métal exporté par le Mexique.

Le fait que la piastre mexicaine conserve sa fonction de monnaie dans certaines régions de l'Asie n'infirme en rien cette théorie. En réalité, les Asiatiques n'ont pas de monnaies à proprement parler, ils n'usent, dans leurs échanges, que de lingots d'argent sous les formes les plus diverses comme le british-dollar, le trade-dollar, la piastre d'Indo-Chine, etc.

Ils n'ont aucun égard à la valeur légale que ces pièces peuvent avoir dans leur pays d'origine ; ils ne les acceptent que parce qu'elles ont un poids et un titre déterminé. La piastre mexicaine ne joue, dans cette multitude d'instruments d'échange, aucun rôle privilégié qui la fasse ressembler à une monnaie légale : elle ne doit sa popularité qu'à son ancienneté et à la régularité de sa frappe.

Il serait même injuste que les pays qui ont acheté les piastres pour sa valeur intrinsèque, sans avoir la pensée d'utiliser cette monnaie dans des transactions éventuelles avec le Mexique, bénéficient de la plus-value que cette piastre pourrait acquérir grâce aux efforts et aux sacrifices que s'imposerait la Nation mexicaine.

D'ailleurs, pour mettre le Mexique à l'abri de tous reproches, il suffisait de permettre la réimportation des piastres jusqu'à une date déterminée ; passé ce délai, la réforme aurait son plein effet.

C'est ce parti auquel s'arrêta le Gouvernement, et pour préparer plus tôt la voie à la réforme, il prit un décret en ce sens avant même que la loi du 9 décembre 1904 ait été votée.

Ce décret (1), en date du 23 novembre 1904, entra en vigueur le 1er janvier 1905 ; il portait dans son article 1er :

« Sont ajoutés au Tarif d'importation de l'ordonnance générale des Douanes maritimes et frontières les paragraphes suivants :

« Paragraphe 263 A. — Monnaie d'argent au coin national, en pièces de une piastre, quand elle est importée en quantité n'excédant pas cinq pièces : exempte :

« Paragraphe 263 B. — Monnaie d'argent au coin national, en pièces de une piastre, quand elle est importée en quantité supérieure à cinq pièces, le kilog. brut : 10 piastres. »

L'article 4 permettait en outre aux administrateurs des Douanes de restreindre la franchise s'il en était besoin.

Une fois cette mesure prise, il ne s'agissait plus que d'attendre le moment favorable pour mettre la réforme monétaire à exécution.

Malgré une hausse marquée de l'argent dont le cours atteignait, en janvier 1905, 28 pence 3/8, le Gouvernement attendit jusqu'au 25 mars 1905 pour publier la loi établissant le nouveau régime monétaire : l'argent ne cotait plus alors que 26 pence environ.

(1) Publié au *Diario Official*, le 23 novembre 1904, et dans les *Leyes y disposiciones relativas à la Reforma monitaria.*

Cette loi fondamentale, entrée en vigueur le 1er mai 1905, comprend quatre chapitres.

Le premier a trait aux monnaies.

Le second règle la frappe et la circulation de la monnaie.

Le troisième fixe le cours légal de la monnaie.

Le quatrième institue un fonds régulateur de la circulation monétaire.

La nouvelle unité monétaire est définie par l'article 1er :

« L'Unité théorique du système monétaire des Etats-Unis mexicains est représentée par 75 centigrammes d'or pur et se nomme *peso*. »

Le *peso* d'argent qui a été frappé jusqu'ici, comprenant vingt-quatre grammes, quatre mille trois cent quatre-vingt-huit dix milligrammes d'argent pur, (24 gr. 4388) aura, dans les conditions prévues par la loi, une valeur légale équivalente à 75 centigrammes d'or pur. »

Il résulte de ceci que le rapport d'équivalence entre l'or et l'argent est fixé à 32 gr. 58 d'argent pour 1 gramme d'or. La parité légale qui donne à la nouvelle piastre une valeur de 2 fr. 583 ou de 0 doll. 494, correspond au cours de 106 francs pour le kilogramme d'argent fin, ou de 29 pence 1/32 pour l'once standard.

Or, au moment où la loi fut promulguée, le kilogramme d'argent valait 103 francs, ce qui donnait à la

Viollet.   13

piastre une valeur métallique de 2 fr. 517, inférieure de 0 fr. 073 ou de 2,81 0/0 à sa valeur légale. Cet écart était bien faible, et l'on pouvait dire que la loi stabilisait purement et simplement la piastre à sa valeur présente ; mais on pouvait craindre que la hausse récente de l'argent ne fût pas durable, et que les cours ne retombassent aux environs de 80 francs, comme au commencement de l'année 1903, ce qui aurait donné à la piastre une valeur métallique de 1 fr. 855, inférieure de 0 fr. 635 ou de 24,5 0/0 à sa valeur légale. Nous verrons par la suite que cette crainte ne s'est pas réalisée.

Il n'est rien changé à la composition métallique de la piastre. M. Limantour attachait à ce point particulier une grande importance.

Il avait vivement combattu l'opinion exprimée par certains membres de la commission qu'il serait utile de modifier le titre peu rationnel de 0,9027, et de le fixer à 0,900. « Nous devons, disait-il, respecter une habitude traditionnelle des habitants de ce pays qui ont retrouvé dans la piastre l'ancienne monnaie de 10 *dineros*, 20 *granos*. » Il désirait avant tout que la réforme passât, pour ainsi dire, inaperçue du public, jugeant avec M. J.-D. Cosasus que « la meilleure monnaie est toujours celle qui est consacrée par le temps et que la population accepte de bonne volonté ».

La circulation comprend, d'après la nouvelle loi (1), quatre sortes de monnaies.

(1) Art. 2.

			Titre
Monnaies d'Or,	10 piastres	. . . .	0,900
» »	5 »	. . . .	—
Monnaies d'Argent,	1 »	. . . .	0,9027
» »	50 centavos	. . . .	0,800
» »	20 »	. . . .	—
» »	10 »	. . . .	—
Monnaies de Nickel,	5 »	. . . .	
Monnaies de Bronze,	2 »	. . . .	
» »	1 »	. . . .	

L'article 8 décide que « l'écu national et l'inscription : *Estados Unidos Mexicanos*, devront être frappés sur toutes les monnaies ». On rendait par là facilement reconnaissable les piastres qui auraient été importées du dehors ; de plus, une disposition gouvernementale, en date du 5 avril 1905, réglait dans le détail les emblèmes, légendes, etc., de toutes les pièces.

Le chapitre II règle la frappe et la circulation de la monnaie.

Art. 9. — La faculté de frapper la monnaie appartient exclusivement à l'Exécutif de l'Union, qui l'exerce conformément à la présente loi... En conséquence, cesse de subsister le droit pour les particuliers d'introduire dans les Hôtels des monnaies, des métaux d'or et d'argent pour les y faire frapper.

Art. 10. — La frappe des nouvelles monnaies d'or sera limitée tant qu'il n'y aura pas de dispositions contraires, à la quantité nécessaire pour changer les mon-

naies actuelles de ce métal, monnaies qui cesseront
d'avoir cours le 1ᵉʳ juillet 1906.

Cependant, dans les circonstances spéciales dont
parle la première partie de l'article 12, la libre frappe
des monnaies d'or pourra être autorisée par décret.

Art. 11. — A partir de la date de mise en vigueur de
la présente loi, et sauf le cas de remonnayage auquel se
réfère l'art. 14, il ne sera frappé et émis de monnaies
nouvelles d'argent qu'en échange d'or monnayé ou en
barres dans la proportion de 75 centigrammes d'or pur
pour une piastre.

L'or ainsi reçu pourra être employé à acheter des
barres d'argent en quantité nécessaire pour frapper les
monnaies de ce métal qui auront été demandées.

Art. 12. — L'obligation d'émettre des monnaies d'argent en échange d'or cessera quand la valeur de l'argent que doivent contenir ces monnaies sera, dans la
ville de Mexico, supérieure à 75 centigrammes d'or pur
par piastre...

Art. 14. — Les restrictions apportées par les articles
précédents à la frappe et à l'émission de monnaies d'argent ne sont pas applicables au cas de remonnayage
dans lequel il pourra être frappé et mis en circulation
la quantité et les sortes de monnaies qui seront nécessaires, pourvu que la valeur totale représentée par les
nouvelles monnaies soit égale à celle des pièces reçues
pour être remonnayées.

Art. 17. — La *Secretaria de Hacienda* pourra autoriser, mais seulement pour l'exportation, la frappe de piastres de coin antérieur à l'année 1898, pourvu qu'elles portent des marques spéciales.

Il est à remarquer que la libre frappe de l'or ne sera autorisée que lorsque la valeur nominale de la piastre correspondra à la parité légale.

Cette mesure a été prise en vue d'éviter l'établissement d'une prime sur l'or, fait qui n'aurait pas manqué de se produire, si l'on avait admis l'or dans la circulation, avant qu'il ne se trouvât en quantité suffisante pour assurer la parité légale ; c'est pour le même motif que les Hôtels des monnaies ne doivent frapper que de l'argent en échange de l'or qu'ils reçoivent.

La frappe de piastres de commerce, dont parle l'art. 17, s'imposait, étant donné le crédit dont jouit la piastre en Extrême-Orient.

Enfin le chapitre III fixe le cours légal de la monnaie.

ART. 21. — Les monnaies d'or de toutes valeurs et les monnaies d'argent de la valeur de une piastre ont pouvoir libératoire illimité.

Quant aux autres monnaies d'argent et à celles de métal et de bronze, leur admission n'est obligatoire dans un même paiement que pour la somme de vingt piastres pour les monnaies d'argent et pour la somme de une piastre pour les monnaies de métal et de bronze.

Nous connaissons dès maintenant les bases essentielles

de la réforme : elles se résument en ceci : assurer à la piastre d'argent, qui conserve son pouvoir libératoire illimité, une valeur toujours égale à 75 centigrammes d'or pur, quelles que soient les fluctuations de l'argent sur le marché, en limitant l'offre du numéraire par la suspension de la frappe et par la prohibition de réimporter les piastres circulant à l'étranger.

Nous avons vu que la valeur légale attribuée à la piastre différait fort peu de sa valeur métallique au moment où la loi fut promulguée ; on était donc en droit de compter sur l'efficacité du moyen proposé pour rehausser peu à peu jusqu'à la parité légale la valeur de la piastre.

Voyons, en effet, quelle était la circulation monétaire du Mexique au moment du vote de la réforme :

A la fin de l'année 1903, la Direction de la Monnaie américaine estimait à 106 millions de piastres la monnaie d'argent circulant avec plein pouvoir libératoire sur le territoire mexicain.

Comme dans ces vingt dernières années le Mexique a absorbé, en moyenne, 5 millions de piastres par année, on peut fixer approximativement à 110 millions de piastres la circulation argent existant au moment de la réforme.

D'autre part, la circulation fiduciaire des vingt-huit banques d'émission mexicaines s'élevait, au 30 septembre 1904, à 81.965.000 piastres ; mais comme à la même date ces banques avaient une encaisse disponible de 68.768.000, il ne restait en circulation que 13.193.000 piastres en billets non couverts.

Le total de la circulation monétaire au Mexique au moment de la réforme peut donc être évalué approximativement à 123.193.000 piastres ; et comme la population du Mexique était à cette date d'environ 14.500.000 habitants, la moyenne de la circulation monétaire par tête d'habitant ressortait à 8 piastres 1/2.

Cette moyenne est notablement inférieure à celle des Nations européennes, et étant donnés les progrès rapides de la République, l'accroissement régulier de sa population, il n'était pas téméraire de croire que les besoins de numéraire se feraient vite sentir. Si, à ce moment, on empêchait, grâce aux mesures prises, le numéraire d'augmenter aussi vite que l'eût exigé la demande, il semblait inévitable qu'une hausse se produisît dans la valeur de la monnaie.

Ces prévisions sont conformes à la théorie de M. Henri Germain qui peut s'exprimer ainsi : Dans les pays à monnaie dépréciée, la perte de la monnaie est proportionnelle au volume de la circulation par tête d'habitant : la prime de l'or s'élève ou diminue dans ces pays en même temps que le chiffre moyen de la circulation par habitant.

Néanmoins certains économistes, et particulièrement M. A. Conant, délégué américain à la conférence internationale de 1903 (1), n'ont pas une entière confiance

(1) *Principles of Money*, New-York, 1903.

dans le succès de ce procédé. La raréfaction de la
monnaie peut, selon eux, causer de graves perturbations dans les affaires, en faisant monter le taux de
l'escompte d'une manière exagérée. Et d'ailleurs en admettant que ce procédé réussisse à faire disparaître la
prime sur l'or à l'intérieur du pays, il n'est pas prouvé
que son action se fasse sentir sur le change extérieur (1).
En effet, quelle que pût être la valeur en or à laquelle
aurait atteint la piastre à l'intérieur du pays, celle-ci
n'aurait jamais été acceptée par les créanciers étrangers
que pour sa valeur intrinsèque.

En un mot, ces économistes considèrent que le relèvement de la monnaie d'argent, par la simple raréfaction
du numéraire, n'est pas un moyen suffisant pour stabiliser les changes ; il est nécessaire, en outre, d'éviter
tout contact entre cette monnaie sur-évaluée et la
monnaie saine ; et dans ce but, des réserves d'or doivent
être constituées de façon à permettre de solder les dettes
à l'extérieur autrement qu'avec la monnaie stabilisée.

M. Limantour avait toujours repoussé cette idée, tant
dans son exposé des motifs que dans ses nombreux dis-
cours. Mais ne cherchait-il pas, par cette attitude, à rassurer les producteurs d'argent qui craignaient de voir
l'or se substituer peu à peu à l'argent ? Nous verrons par

(1) A l'appui de cette théorie on peut citer la crise que traversa
le Mexique en 1900, par suite de la pénurie du numéraire ; cette
crise fut loin d'avoir une action bienfaisante sur les changes.

la suite que leurs craintes n'étaient que trop fondées.

Toujours est-il que le chapitre IV de la loi du 25 mars 1905 instituait un fonds dont le but semble assez conforme aux théories que nous venons d'exposer.

Ce fonds, appelé par la loi « fonds régulateur de la circulation monétaire », était créé, dit l'art. 27, dans le but de « faciliter l'adaptation de la circulation monétaire, quant à la quantité du numéraire, aux exigences de la stabilité du type du change extérieur ».

Il comprenait dix millions de piastres en or ou en argent, déposées en partie à la Banque nationale de Mexico, et en partie dans les grandes banques étrangères.

En même temps, un décret du 3 avril 1905 (1) instituait, sous la présidence du ministre des Finances, la *Commission des Changes et Monnaies* composée de neuf membres.

Les principales attributions de la Commission étaient de régler la frappe des monnaies, d'acheter et vendre les métaux précieux suivant les besoins, de mettre en circulation toutes les monnaies frappées, et enfin « d'administrer le fonds régulateur de la circulation et de disposer de ce fonds pour toutes les opérations de banque ou de change propres à assurer la stabilité des changes extérieurs et à satisfaire les nécessités de la circulation intérieure ».

(1) *Leyes y disposiciones relativas à la reforma monetaria*, p. 93.

L'ensemble de ces dispositions ne laissait guère de doute sur le rôle de la Commission des Changes et Monnaies, et sur l'emploi du fonds régulateur : c'était une répétition de ce qui avait été tenté en 1903, en Espagne, par M. Villaverde.

Le fonds remis à la Commission était destiné à soutenir les changes, en lui permettant d'acheter ou de vendre des traites d'or suivant l'état du marché. Cette institution complétait de façon heureuse la réforme qui n'aurait pu aboutir si elle avait été exclusivement fondée sur le principe de la raréfaction du numéraire. Le système du marché clos de la monnaie, aussi parfait soit-il, ne peut suffire à assurer la parité légale, parce qu'il reste toujours une fissure par laquelle la monnaie d'argent entre en contact avec l'or, et se trouve, par suite, réduite à sa valeur métallique : cette fissure est due aux opérations de change : Les débiteurs mexicains sont obligés, pour satisfaire leurs créanciers étrangers, de se procurer, en échange de piastres, des traites représentant de l'or; comme la parité décrétée par la loi n'a d'effet que sur le territoire et ne peut s'appliquer aux transactions internationales, cet échange de piastres contre de l'or se fait, non pas suivant la parité légale, mais suivant le rapport commercial du moment; pour se procurer 100 dollars américains, il faut débourser non pas 202 piastres, comme l'exigerait le rapport légal de 1 à 32,58, mais bien 205, 210 piastres, suivant le taux du rapport commercial. Il était donc nécessaire, pour éviter cette éléva-

tion des changes, de fournir aux débiteurs mexicains des
traites d'or suivant le taux légal. C'est à cette fin que ré-
pondait la création du fonds régulateur.

Grâce aux dépôts d'or faits dans les principales places
habituellement créancières du Mexique, la Commission
des Changes pouvait tirer sur ces places des lettres de
change qu'elle lançait sur le marché à un cours inférieur,
de façon à entraver les tendances à la hausse. C'est surtout contre les effets de la spéculation que l'action de la
Commission des changes pouvait être efficace. Elle pouvait prévenir les brusques mouvements de hausse provoqués par les agioteurs, en tirant au moment opportun
sur l'étranger. De la sorte, elle provoquait une réaction,
qui se traduisait pour elle en bénéfices au moment du règlement.

Mai : l'influence de la Commission des Changes et Monnaies, même si elle avait disposé de capitaux importants,
ne pouvait être que secondaire ; la stabilisation définitive
de la piastre ne pouvait être assurée que par l'admission
de plus en plus grande de l'or dans la circulation.

Une monnaie ne peut rester longtemps surévaluée que
si le porteur de cette monnaie est assuré de pouvoir
l'échanger, dès qu'il le voudra, contre une monnaie non
surfaite. La stabilisation de la pièce de 5 francs, en 1875,
celle de la roupie, en 1893, n'ont été obtenues qu'à cette
condition ; nous verrons que cette loi économique n'a
pas été méconnue par M. Limantour.

Fondée sur la fermeture des Hôtels des monnaies, sur la prohibition de réimporter les piastres d'Extrême-Orient et sur le fonctionnement de la Commission des Changes et Monnaies, la réforme pouvait encore être compromise par un développement anormal de la monnaie fiduciaire et c'est pour parer à ce danger que la loi de réforme du 9 décembre 1904 donnait à l'Exécutif, dans son article 2, § L, le droit de « modifier les termes de la loi sur les banques qui se rapporteraient directement ou indirectement à la circulation en espèces, ou qui affecteraient les titres de crédit ou les opérations de change ».

La loi du 19 mars 1897 sur les Institutions de crédit, distinguait trois catégories de banques : les banques d'émission et d'escompte, les banques hypothécaires et les banques réfectionnaires spécialement consacrées aux opérations agricoles et industrielles (1).

(1) Il existait, au 30 septembre 1904, 32 établissements de crédit, dont 28 avaient le privilège d'émettre des billets.

Le tableau du bilan de ces banques, en 1896 et 1904, montrera le développement extraordinaire de leurs opérations, et par suite le progrès économique réalisé par le Mexique.

Bilan des Banques mexicaines au 30 septembre
(Milliers de Piastres)

	1896	1904
Capital social	38 528	109 600
Réserves	7 726	22 075
Totaux	46 254	131 675

Les banques de la première catégorie avaient seules le droit d'émettre des billets payables à vue ; des exemptions de taxes étaient accordées à la première banque établie dans chaque Etat ; leur circulation fiduciaire était soumise aux règles suivantes :

A. — Elle ne peut excéder le triple de l'encaisse métallique ; la somme totale des dépôts remboursables sur demande, ou à trois jours de préavis, ne peut excéder le double de cette encaisse.

B. — Les prêts et opérations d'escompte doivent être liquidés dans un délai maximum de six mois, avec au moins deux signatures responsables, sauf le cas de garanties supplémentaires.

C. — Les opérations sur hypothèques sont interdites.

Le décret du 13 mars 1905 (1), pris en exécution de la loi de réforme, ne modifie pas dans ses dispositions essentielles la législation antérieure ; il la met simplement d'accord avec la situation créée par la loi du 25 mars 1905.

L'article 1er déclare que « doivent être considérées

En caisse	46 131	70 534
Portefeuille	37 015	137 256
Prêts sur gages et hypothèques	8 602	81 984
Actif réalisable	22 970	116 981
Immeubles	1 206	4 397
Capital social non versé	14 040	4 195
Totaux	120 976	415 317
Circulation fiduciaire	39 274	81 065
Dépôts à vue et comptes créditeurs	44 448	225 974
Totaux	83 722	225 939

(1) *Leyes y disposiciones relativas á la reforma monetaria*, p. 129.

comme dépôts à vue, ou remboursables sur préavis ne dépassant pas trois jours, toutes les sommes remises à une
banque à ces conditions et pour y être tenues à la disposition des intéressés, et toutes les sommes qui provien-
nent de prêts faits par l'établissement, quand ces sommes
n'ont pas été retirées en tout ou en partie par les intéressés ».

Les Banques considéraient jusqu'ici ces opérations
comme de simples crédits et ne les faisaient pas figurer
dans le calcul de la réserve : il en résultait une latitude
plus grande pour émettre des billets.

Sur la composition de la réserve, l'article 3 décide que
« à partir du 31 mai 1905, on ne devra plus faire figurer
dans les existences métalliques des Banques établies dans
la République les barres d'argent qu'elles possèdent ; et
quant aux barres d'or, elles ne figureront dans ces existences que lorsque la frappe des monnaies de ce métal
sera libre ; elles devront être alors évaluées à raison de
une piastre pour 75 centigrammes d'or pur ».

En effet, les Hôtels des monnaies étant fermés à la
frappe de l'argent, les barres d'argent ne sont plus échan-
geables à volonté contre des piastres, elles ne peuvent
donc servir au remboursement des billets ; pour ce qui
est des barres d'or, on a craint que si elles servaient au
remboursement des billets avant que les stocks d'or admis
dans la circulation n'assurassent la parité légale de la
piastre, une prime ne s'établit sur l'or ou sur les billets
convertibles en or.

La réforme autorisée par la loi du 9 décembre 1904 était ainsi théoriquement effectuée.

Le principe qui la domine peut se résumer en ceci : détacher peu à peu la piastre de sa valeur métallique, en proportionnant exactement le numéraire aux besoins de la circulation et dans ce but supprimer la liberté de la frappe, prohiber la réimportation des piastres d'Extrême-Orient et réglementer la circulation fiduciaire.

Cependant, pour assurer le succès de la réforme, M. Limantour, malgré l'opinion qu'il avait émise dans son Exposé des motifs, n'a pas cru devoir se fier à un seul principe. En créant la Commission des Changes et Monnaies, et en instituant le fonds régulateur, il a suivi les conseils des économistes qui considèrent comme indispensable, pour le maintien de la parité légale, la constitution d'une réserve d'or. Nous verrons que cette idée, d'abord timidement accueillie, puisque la dotation de la Commission des Changes et Monnaies ne s'élevait qu'à 10 millions de piastres, prit très vite, sous l'influence des événements, une importance capitale et devint le principe directeur de la Réforme.

SECTION II

Compensations accordées aux producteurs d'argent.

Loi du 25 mars 1905 sur les impôts et franchises concernant l'industrie minière. — Loi du 11 avril 1905 établissant un service public pour la vente des barres d'argent. — Avantages qu'ont tirés de la Réforme les producteurs d'argent.

Nous avons vu que les producteurs d'argent s'étaient toujours montrés hostiles aux projets de stabilisation de la piastre par l'adoption plus ou moins intégrale de l'étalon d'or.

Ils affirmaient, à tort ou à raison, que la production minière au Mexique n'avait pu se développer que grâce à l'influence bienfaisante du change qui leur assurait, quel que fût le cours de l'argent à Londres, une rémunération en piastres toujours égale, et qui leur permettait de payer leur main-d'œuvre en monnaie dépréciée.

Quand ils virent que la cause du *statu quo* était définitivement perdue, ils se rallièrent à l'idée d'une réforme fondée sur la stabilisation du métal argent lui-même.

Nous connaissons les résultats de la Conférence internationale de 1903.

Le Gouvernement mexicain, en s'engageant dans la voie de l'étalon d'or qu'il considérait comme menant seule au but à atteindre, avait le souci de respecter tous les intérêts en jeu, et parmi ceux-ci les intérêts des produc-

teurs d'argent n'étaient pas les moins dignes d'attention.

En stabilisant la piastre à la valeur que lui avaient assignée les circonstances économiques, le problème se trouvait résolu pour la grosse majorité des intéressés, mais
les producteurs d'argent restaient menacés par l'éventualité d'une nouvelle baisse de l'argent, puisqu'ils seraient
dès lors obligés, étant donnée la fermeture des Hôtels
des monnaies, d'évaluer leurs bénéfices en or ou, ce qui
revient au même, en monnaie d'argent stabilisée.

Il était donc nécessaire de prendre des mesures en leur
faveur.

C'est à cette préoccupation que répond la loi du 9 décembre 1904 en autorisant l'Exécutif de l'Union à
prendre toutes les mesures qu'il jugerait convenables
pour favoriser l'industrie minière (1).

Conformément à ces indications, une première loi sur
les impôts et les franchises concernant l'industrie minière fut promulguée en même temps que la loi établissant le nouveau régime monétaire, le 25 mars 1905 (2).

Cette loi commence par supprimer (art. 1) l'impôt de
monnayage établi par la loi du 27 mars 1897.

Pour l'impôt du timbre, de nombreuses distinctions
sont établies.

A. — L'impôt sera perçu à raison de 3 1/2 0/0 sur la
valeur de l'or et de l'argent non traités dans la Répu-

(1) Voir p. 186 la loi du 9 décembre 1904, art. 2, parag. F. à J.
(2) *Leyes y disposiciones relativas à la reforma monetaria*, p. 87.

Viullet.   14

blique, et exportés sous forme de terre minérale ou de minerai, cyanures ou sulfures, résidus de fonte, ou sous toute forme dans laquelle on les trouve combinés ou mélangés avec les substances n'étant pas des métaux proprement dits (art. 2).

B. — Il sera de 2 1/2 0/0 sur la valeur de l'or et de l'argent traités dans le pays de façon à n'être plus ni combinés ni mélangés, si ce n'est à d'autres métaux et quel que soit le titre du produit (art. 2).

C. — Les établissements qui affinent l'or et l'argent jusqu'à 999 millièmes de fin au moins ne paieront que 1 1/2 0/0 sur la valeur des métaux ainsi affinés (1).

Ainsi, l'impôt n'est plus uniforme comme autrefois et la gradation établie trahit le désir de favoriser les établissements métallurgiques du pays. On a voulu réagir contre cette tendance qu'avaient les producteurs d'argent d'envoyer leurs minerais aux États-Unis pour y être traités et affinés.

L'article 5 énumère enfin toute une série de métaux précieux qui ne sont pas soumis à l'impôt du timbre ; ce sont : les métaux précieux destinés à la frappe, ceux employés dans l'industrie nationale, ceux qui sont importés pour être traités au Mexique, etc.

Les droits d'essai, de fonte, d'affinage et de partage ne représentent plus que le prix de revient de ces opérations qui ne sont d'ailleurs le plus souvent effectuées que sur la demande des intéressés.

(1) Décret du 19 juin 1905.

L'article 7 déclare que les établissements métallurgiques, qui, par concessions spéciales, jouissent de franchises en ce qui concerne les impôts fédéraux et locaux, ne pourront bénéficier des dispositions de la nouvelle loi qu'à condition de renoncer pour toujours et sans réserve à leurs franchises.

Le droit de dix piastres par *pertcnencia* sur les titres de concession est réduit de moitié, quelles que soient les substances exploitées (1).

L'impôt annuel sur les propriétés minières est réduit à 6 piastres par *pertenencia*.

Au delà de 25 *pertenencias* pour une même entreprise l'impôt n'est plus que de 3 piastres par *pertenencia* (2).

Les impôts locaux qu'établit la loi du 6 juin 1887 au profit des États ou de la Fédération ne pourront dépasser un maximum de 1,5 0/0 (3).

Enfin la loi du 25 mars 1905 énumère toute une série de matières nécessaires à l'industrie minière, qui entreront désormais en franchise (4).

Jusqu'au 30 juin 1908, les droits que paient les machines destinées aux mines ou aux établissements métallurgiques seront rendus à ceux qui en avaient eu la charge, à condition que l'entrée et l'installation de ces

(1) Art. 9.
(2) Art. 10.
(3) Art. 12.
(4) Art. 13 et 14.

machines aient lieu conformément aux prescriptions de la loi (1).

Après avoir dégrevé l'industrie minière, il restait encore à compenser le dommage résultant pour elle de la fermeture des Hôtels des monnaies : Avant la Réforme, les propriétaires de barres d'argent pouvaient en obtenir la valeur en piastres trois jours après qu'elles avaient été remises aux Hôtels des monnaies.

C'était là un débouché à la fois sûr et rapide qui rendait le plus grand service particulièrement aux petites entreprises.

M. Limantour jugea nécessaire de ménager aux propriétaires de barres d'argent les mêmes facilités en créant un service public qui se chargerait de la vente de barres et ferait des avances sur le prix de vente.

Un décret en date du 11 avril 1905 pose les bases de ce service (2) :

ART. 1er. Il est établi un service public dépendant de la direction des Hôtels des monnaies, afin d'avancer des fonds aux personnes qui le demanderont sur les barres d'argent qui lui seront remises pour être vendues à l'étranger; l'établissement sera chargé de vendre ces barres pour le compte des intéressés, dans les meilleures conditions possibles, sans prendre aucune commission au bénéfice de l'Etat, ni retenir d'intérêt, pourvu qu'il

(1) Art. 15 et 16.
(2) « Leyes y disposiciones relativas à la reforma monetaria », p. 107.

ne résulte de ces opérations aucune perte pour le Trésor.

Ce service a fonctionné avec succès dès le début de sa création et a rendu d'importants services aux propriétaires de mines du Mexique.

Toutes ces mesures prises en faveur de l'industrie minière étaient surtout faites en vue d'une baisse nouvelle de l'argent, seule éventualité qu'eût à redouter cette industrie, du fait de la réforme. En effet, cette baisse n'étant plus compensée par la hausse du change, les producteurs d'argent auraient vu leurs bénéfices en piastres suivre la même marche que le cours de l'argent, ce qui n'avait pas lieu auparavant.

Mais, contre toute attente, le cours de l'argent, loin de s'effondrer à la suite de la réforme, comme l'avaient prédit les partisans du *statu quo*, se raffermit sensiblement : le kilogramme d'argent qui, à la veille de la réforme, valait 103 francs, dépassa à la fin de l'année 1905 le prix de 106 francs, fixé par la loi mexicaine. Depuis le 1ᵉʳ janvier 1906, le prix oscilla entre 110 et 123 francs. Il était, au 23 novembre 1906, de 121 fr. 50. Depuis bien des années on n'avait pas enregistré des cours aussi hauts.

Il en résulta pour les producteurs d'argent un bénéfice beaucoup plus grand que celui qu'ils auraient pu réaliser avec les mêmes cours, avant la réforme.

En effet, autrefois, ils obtenaient, quel que fût le prix de l'argent, toujours la même somme de piastres, tandis qu'aujourd'hui, le change de la piastre étant fixé à 202 0/0 sur New-York, les bénéfices en piastres sont devenus proportionnels au prix en or de l'argent.

Il est vrai qu'avant la réforme le pouvoir d'acquisition de la piastre variait dans le même sens que le prix en or de l'argent, tandis qu'aujourd'hui il est fixe ; mais cette adaptation du pouvoir d'acquisition à la valeur intrinsèque de la piastre se faisait lentement et irrégulièrement, si bien que les bénéfices ou les pertes qu'on pouvait enregistrer tout en possédant la même somme de piastres étaient beaucoup moins tangibles que les bénéfices ou les pertes qui résultent aujourd'hui du fait d'obtenir un nombre plus ou moins grand de piastres.

Ainsi, les producteurs d'argent, loin de souffrir de la réforme, en ont profité doublement puisqu'aux avantages qui résultent pour eux des réductions d'impôts et des franchises accordées par la loi du 25 mars 1905 s'ajoute la possibilité d'évaluer leurs bénéfices dans une monnaie stabilisée, et de profiter par conséquent de la hausse du prix en or de l'argent.

SECTION III

La circulation de l'or au Mexique.

Emprunt de 40 millions de dollars-or à 4 0/0, son emploi. — Hausse
de l'argent. — Certificats d'or contre remise d'argent. — Opérations de la Commission des Changes et Monnaies.

Un régime monétaire fondé sur la raréfaction du numéraire est essentiellement un régime transitoire. Une
monnaie d'argent ne peut être définitivement stabilisée
que si elle est soutenue par la présence dans la circulation de stocks importants du métal non déprécié. En un
mot, il est nécessaire de passer rapidement de la monnaie
d'argent stabilisée à la monnaie d'or.

M. Limantour avait dès le principe compris cette nécessité. En créant la Commission des Changes et Monnaies, il avait heureusement complété la réforme qui ne
reposait plus dès lors exclusivement sur le principe de la
contraction monétaire ; néanmoins ce premier pas était
encore timide puisque la dotation de la Commission
n'était que de 10 millions de piastres.

Pour agir efficacement sur le change extérieur il était
nécessaire de constituer des réserves d'or beaucoup plus
importantes. M. Limantour estimait lui-même, dans son
exposé des motifs, la somme nécessaire à 40 millions de
piastres.

Or, il semble bien qu'on doive rattacher à cette nécessité de constituer des réserves importantes d'or, une opération financière effectuée par le ministre des Finances à la veille de la Réforme et qui en est comme la préface. Nous voulons parler de l'emprunt à 4 0/0 de 40 millions de dollars américains, autorisé par la loi du 23 novembre 1904 et négocié avec la maison Speyer de New-York, et un syndicat formé de banques anglaises, allemandes et hollandaises, ainsi que de la Banque nationale du Mexique (1).

L'emprunt était destiné, d'après la loi, au remboursement de 18 millions 500 mille dollars de bons du Trésor dont 12 millions 500 mille arrivaient à échéance le 1er juin 1905 et le reste le 1er juin 1906, et au remboursement de fonds spécialement affectés au *Vera Cruz and Pacific Railway*, au *Mexican Southern Railway* et au *Thuantepec Railway* (2).

Des notes semi-officielles avaient bien démenti le bruit

(1) La France n'a pris qu'une part indirecte à cet emprunt. Le marché français a été jusqu'ici peu ouvert aux fonds d'État mexicains ; la raison en est que le Gouvernement mexicain s'est toujours refusé à reconnaître comme dette d'État les emprunts contractés par l'Empereur Maximilien pendant ses quelques mois de règne. Cette affaire, connue sous le nom d'*affaire des petits bleus*, avait empêché jusqu'ici l'inscription à la cote officielle des emprunts mexicains ; l'interdit vient d'être levé pour le dernier emprunt.

(2) A l'occasion de cet emprunt il n'est pas sans intérêt de remarquer quel progrès a fait le crédit du Mexique depuis 25 ans.

En 1880, les emprunts supportaient un intérêt de 6 0/0 et le prix d'émission était de 70 0/0.

Pour le dernier emprunt, l'intérêt n'est plus que de 4 0/0 et le prix d'émission est de 90 0/0.

répandu dans le monde financier que l'emprunt était destiné à assurer le succès de la réforme monétaire, mais ces notes n'avaient réussi qu'à moitié à convaincre l'opinion ; d'ailleurs le secret n'était pas si précieux aux yeux de M. Limantour lui-même, puisqu'au cours d'une réunion avec les membres de la Commission monétaire, il laissa entrevoir la corrélation existant entre l'emprunt et la réforme.

Il expliqua qu'au cas où la spéculation ou l'état du marché de l'argent à Londres viendrait à faire monter le change sur New-York au delà de 202 0/0, le Gouvernement mexicain interviendrait par l'intermédiaire de la banque nationale du Mexique, chargée des opérations de change intéressant le Gouvernement, en tirant sur les 40 millions de dollars déposés à New-York des lettres de change qu'il lancerait sur le marché à un cours inférieur. La tentative de hausse serait ainsi aisément réprimée (1).

L'emprunt devait donc, sans pour cela échapper à sa destination légale, renforcer, au cas de besoin, l'action de la Commission des Changes et Monnaies ; il constituait une réserve subsidiaire destinée à prévenir toute surprise.

Ces précautions furent d'ailleurs rendues inutiles par l'excellente tenue du change au lendemain de la réforme.

Le change sur New-York, qui, à l'annonce de la réforme, avait été ramené dès le mois de janvier 1906 aux

(1) Journal : *Le Mexique*, janvier 1906.

environs de 202 0/0, se maintint à ce taux pendant le mois de mai et le mois de juin. L'habileté avec laquelle la réforme a été effectuée n'a pas été étrangère à ce résultat, mais la cause principale a été, il faut le reconnaître, l'amélioration sensible des cours de l'argent sur le marché de Londres.

Grâce à cette hausse, la Réforme put être beaucoup plus rapide et beaucoup plus radicale que ne l'avait prévu le ministre des Finances : non seulement on n'eut pas besoin de recourir aux réserves d'or pour influer sur le change extérieur, mais elles purent être versées peu à peu dans la circulation.

C'est la Commission des Changes et Monnaies qui fut chargée de cette mission.

Nous avons vu que la loi du 25 mars 1905 retirait le droit de frappe, même pour l'or, aux particuliers ; cette mesure avait été prise pour laisser plus de liberté à la Commission et pour lui permettre de choisir en toute indépendance le meilleur moyen de faire entrer l'or dans la circulation, sans occasionner de perturbations trop grandes.

Un décret du 23 novembre 1905 renouvelle le monopole de la frappe de l'or pour la Commission des Changes et Monnaies et précise les conditions que doivent remplir les barres d'or remises à la Commission pour être échangées contre des piastres d'argent.

Les lois de réforme prévoyaient deux moyens de faire entrer l'or en circulation :

1° Donner cours légal aux monnaies d'or des autres Nations, en fixant leur valeur en monnaie mexicaine, quand l'once d'argent vaudrait à Londres plus de 28 pence 1/2 (loi du 9 décembre 1904, art. 2, § E);

2° Emettre des monnaies d'or mexicaines en échange de barres d'or ou de piastres d'argent, quand l'argent aurait atteint à Mexico sa parité légale (loi du 25 mars 1905, art. 12).

Le premier moyen risquait de priver le Mexique pour longtemps d'une monnaie propre, et de rendre ainsi la Réforme incomplète, on se décida donc à recourir au second moyen (1); mais, là encore, certaines difficultés se présentaient : la Monnaie de Mexico ne pouvait arriver à frapper en quelques jours, ni même en quelques semaines, le nombre de millions de piastres d'or équivalant aux barres d'or et aux piastres-argent qui seraient remises à la Commission ; l'aide des Hôtels des monnaies étrangers n'aurait pas supprimé la difficulté ; il pouvait résulter de là une disette de numéraire, d'autant plus redoutable que le prix de l'argent à Londres resterait supérieur à la parité légale (2).

(1) Le décret du 24 mai 1905 qui établit l'équivalence de la piastre avec les monnaies des autres pays n'a pour but que de faciliter le recouvrement des droits dus aux agents diplomatiques et consulaires.

(2) En effet, la hausse de l'argent au-dessus de la parité légale devait fatalement amener l'exportation des piastres d'argent, échangées contre de l'or en barres ou monnayé qui ne pouvait remplir le rôle de monnaie dans la République qu'après avoir été frappé.

Un décret, paru le 22 décembre 1905 au *Diario Oficial*, vint remédier à ces difficultés en autorisant l'émission temporaire de certificats d'or.

ARTICLE 1er. — La commission des changes et monnaies est autorisée :

1° A émettre des certificats remboursables à vue ou au porteur en échange de l'or en barres ou en monnaies étrangères qu'elle déciderait de recevoir des particuliers pour la frappe, dans les termes que spécifie le décret du 22 novembre 1905.

2° A recevoir, lorsqu'elle le jugera convenable, des piastres-argent en échange d'or monnayé ou en barres pourvu que le marché de l'argent se trouve dans les conditions prévues dans la première partie de l'article 12 de la loi monétaire du 25 mars 1905.

ARTICLE 5. — La Commission conservera toujours, comme dépôt confidentiel, à la Banque nationale du Mexique ou dans un autre établissement de crédit de premier ordre, une quantité d'or monnayé ou en barres égale, au moins, au montant des certificats en circulation, afin de pouvoir, en tout temps, rembourser les dits documents à leur présentation. Une fois le remboursement effectué, le certificat sera annulé, et sous aucun motif ne pourra être émis de nouveau.

Cette obligation de conserver toujours en or une somme équivalente au montant des certificats a été édictée en vue de rassurer le public, mais elle semblait mettre la Commission dans l'impossibilité de vendre les piastres-argent qu'elle recevrait et de faire frapper le montant en or de ces ventes. Le fonds régulateur et la réserve d'or constituée aux Etats-Unis devaient procurer la solution du problème : pendant le temps nécessaire à l'envoi à Londres de piastres-argent et au retour des remises d'or correspondantes, la garantie des certificats serait demandée à ces réserves.

Le cours élevé de l'argent permit à la Commission de précipiter ses opérations. Elle commença par transformer en or le fonds de 10 millions de piastres qui lui avait été confié, puis elle transforma en or les réserves d'argent des banques.

Au mois d'avril de l'année 1906, la Commission des Changes et Monnaies avait déjà transformé en or 26.764.000 piastres d'argent provenant du fonds régulateur et des réserves des banques, et elle avait accumulé, sous forme de lingots d'or et de monnaies étrangères, une somme de 13.813.500 piastres d'or.

La frappe de ces 40.518.000 piastres d'or s'est poursuivie sans relâche tant à l'Hôtel des monnaies de Mexico, qu'à celui de Philadelphie (1) ; mais si l'on considère que la Réforme monétaire entraînait la refrappe de toutes les pièces d'argent et la création de monnaies divisionnaires, on comprendra facilement que la Commission des

(1) Des pourparlers avec l'Hôtel des monnaies de Paris, n'avient pas abouti, le Directeur de la monnaie ayant déclaré ne pouvoir livrer plus de 10 millions de piastres par an.

Changes et Monnaies n'ait encore reçu, au 12 avril 1906, que 14.815.500 piastres en monnaie d'or.

Cependant dès le 30 décembre 1905, la circulation usuelle de l'or au Mexique était un fait accompli : les employés du Gouvernement reçurent à cette date, pour la première fois, leurs appointements en or.

Les premières émissions d'or passèrent pour ainsi dire inaperçues parce que la nouvelle monnaie fut précieusement conservée dans les familles à titre de souvenir. On ne saurait guère s'en étonner quand on pense que la population mexicaine a été privée d'or pendant deux générations. D'ailleurs ce phénomène disparut dès que l'or se trouva en quantité suffisante.

On peut considérer aujourd'hui la réforme comme complètement terminée puisque la circulation de l'or a atteint, depuis le mois de juillet 1906, la somme de 52 millions de piastres ; ce qui représente près de 45 0/0 de la circulation totale. Cette proportion d'or est largement suffisante pour assurer à la piastre d'argent sa parité légale.

Les vœux de M. Limantour ont donc été réalisés au delà de toute espérance puisque, en un an, le Mexique a pu passer du régime de la monnaie dépréciée au régime de l'étalon d'or effectif.

Ce résultat fait honneur au talent et à la science de M. Limantour dont les mérites personnels n'ont été égalés dans l'œuvre de la Réforme que par l'heureux hasard qui a fait relever le cours de l'argent de façon si opportune.

CONCLUSION DE LA DEUXIÈME PARTIE

Nous ne nous attarderons pas à passer ici en revue les nombreux avantages que le Mexique est appelé à recueillir comme fruits de la Réforme de 1905. L'analyse, au cours de notre première partie, des déplorables effets de la baisse de la piastre, tant sur les intérêts privés que sur ceux du Gouvernement, nous a dispensé de cette tâche.

Nous voudrions seulement rechercher, avant de finir, si la réforme est venue à son heure, si le Mexique est en état de conserver à l'abri de toute nouvelle dépréciation l'instrument d'échange dont l'a doté le zèle persévérant de M. Limantour.

Cette question ne saurait se poser qu'au cas où l'argent, abandonnant les cours élevés qu'il atteint aujourd'hui, retomberait au-dessous de la parité établie par la loi ; autrement, il est certain que l'or aurait une tendance naturelle à se fixer au Mexique où la loi lui assurerait une valeur supérieure à sa valeur commerciale.

Si l'argent venait à se déprécier de nouveau (ce que l'on peut toujours redouter, le propre de la hausse étant de stimuler la production), le Mexique serait-il capable de retenir l'or qu'il a accumulé en si peu de temps ; ou, subissant l'effet de la loi de Gresham, n'en serait-il pas rapidement dépossédé comme après 1873 ?

Les Économistes sont en général d'accord pour faire reposer tout le succès d'une réforme monétaire sur la balance des comptes du pays. Si elle se règle par un solde créditeur pour le pays, le régime monétaire ira sans cesse en se fortifiant parce que les réserves d'or ne feront que s'accroître ; si, au contraire, la balance des comptes constitue le pays débiteur, il devra envoyer chaque année au dehors une portion de sa monnaie saine jusqu'au jour où il en sera complètement privé comme à la veille de la réforme.

Mais l'examen de la balance des comptes d'un pays présente la plus grande difficulté parce qu'elle se compose des éléments les plus divers et dont beaucoup se dérobent à l'observateur ; cependant lorsqu'il s'agit d'un pays neuf, les chiffres du commerce extérieur, à condition d'être justement interprétés, fournissent un élément important d'appréciation.

Les chiffres globaux du commerce extérieur de la République mexicaine pendant l'année fiscale 1904-1905 ont été les suivants :

Valeur des exportations . 208 520 451 piastres
Valeur des importations . 178 201 062 »

Il ressort donc un solde de 30.315.489 piastres en faveur des exportations ; mais ce serait se tromper gravement que de conclure de là à une balance des comptes favorable au Mexique. Le chiffre des exportations est loin de constituer, dans son ensemble, une créance du Mexique sur l'étranger.

Il ne faut pas oublier, en effet, que le Mexique a, tous les ans, à payer les intérêts de sa Dette publique, dont les titres sont presque en totalité aux mains des étrangers, qu'il doit aussi les intérêts sur les valeurs de chemins de fer et les dividendes provenant des bénéfices réalisés dans les établissements industriels, financiers ou commerciaux dont les propriétaires résident hors du territoire national. Quelques chiffres montreront à quel point ces différents éléments modifient l'aspect de la balance commerciale.

Le service de la Dette publique fédérale exige tous les ans, pour intérêts et amortissements, une somme de 24 millions de piastres ; sur cette somme, à peine 1 million demeure-t-il dans le pays.

Quant aux chemins de fer, leurs actions et obligations se trouvent en Europe et aux Etats-Unis, où chaque année les diverses Compagnies envoient plus de 20 millions de piastres.

Si, des chemins de fer, nous passons aux banques, il suffira de remarquer qu'en 1904 les deux banques Nationale et de Londres ont dû envoyer en Europe plus

Viollet.   15

de 4 millions de piastres pour le paiement du dividende aux actionnaires.

Il serait impossible d'exprimer en chiffres toutes les autres sommes qui prennent le chemin de l'étranger pour y aller rémunérer des capitaux engagés au Mexique dans les mines, l'agriculture, le commerce et l'industrie, mais elles sont considérables ; et au total, nous arrivons à un chiffre qui dépasse le double et peut-être le triple des 30 millions de piastres qui représentent l'excédent des exportations sur les importations (1).

Doit-on conclure de là que la Réforme accomplie par M. Limantour est vouée d'avance à un échec certain ? Nous ne le croyons pas. Pour juger de la viabilité de la Réforme, il ne faut pas se baser sur la balance des comptes telle qu'elle a été jusqu'ici, mais sur ce qu'elle sera demain ; or, le nouveau régime monétaire contribuera certainement à la rendre de jour en jour plus favorable.

Le plus grand obstacle que rencontrait jusqu'ici le Mexique pour atteindre le complet développement de ses forces productives était la pénurie des capitaux disponibles ; or, le principal effet de la Réforme sera précisément de faire tomber cet obstacle en permettant aux capitaux étrangers, jusqu'ici peu enclins à aller s'investir

(1) Ces données sont tirées de l'exposé des motifs du ministère des Finances pour le projet du budget de 1906-07 (Journal : *Le Mexique*, 5 janvier 1906).

dans un pays au change variable, de mettre en valeur toutes les richesses inexploitées du Mexique ; ce mouvement a déjà commencé : l'afflux des capitaux a pris, cette année, d'énormes proportions. Les Mexicains n'ont d'ailleurs rien négligé pour le favoriser ; il a été créé récemment, à Mexico, une Association financière internationale pour faciliter l'immigration des capitaux étrangers.

Sous cette irrésistible poussée, il n'est pas douteux que le Mexique arrivera vite à se suffire à lui-même ; et, la richesse du pays augmentant, les Mexicains se trouveront en mesure de racheter les valeurs de toutes sortes aujourd'hui aux mains des étrangers. Ce jour-là, le Mexique aura acquis droit de cité parmi les grandes Puissances économiques.

Mais le Mexique n'est pas seul appelé à bénéficier de la Réforme opérée dans son sein, toutes les Nations commerçantes en recueilleront aussi les fruits en voyant leurs relations d'affaires avec ce pays soustraites aux caprices du marché de l'argent.

La France, qui fournit au Mexique un contingent important de colons (1), doit, à titre de Puissance latine, user plus particulièrement de ces nouvelles facilités, pour resserrer les liens qui l'unissent à la République latine

(1) Les Français du Mexique sont, pour la plupart, originaires du département des Basses-Alpes, et particulièrement de la ville de Barcelonnette.

d'Amérique, et contre-balancer ainsi, sur le terrain économique, l'hégémonie anglo-saxonne.

Paris, le 12 novembre 1906.

BIBLIOGRAPHIE

1° *Publications officielles.*

Annuario de Estadistica de la Republica mexicana, Mexico, 1900,
    1903.
Comision monetaria (compte rendu des séances), Mexico, 1903.
Datos estadisticos preparados por la Secretaria de Hacienda y cre-
    dito publico, especialmente para el Estudio de la cuestion mone-
    taria, Mexico, 1903.
Datos para el Estudio de la cuestion monetaria en Mexico, Mexico,
    1903.
Leyes y disposiciones relativas à la Reforma monetaria, Mexico,
    1905.
Moniteur officiel du commerce, 1901-1905.
Monthly, Bulletin of the International Bureau of the Americain Re-
    publics, Washington, 1903-1906.
Rapport du Directeur de l'Hôtel des monnaies au Président de la
    République française, Paris, 1905.
Rapport du général Porfirio Diaz, Président des Etats-Unis mexi-
    cains à ses compatriotes, Paris, 1905.
Rapports des agents consulaires français, 1902-1906.
Stability of international exchange : Report on the introduction of
    the gold-exchange standard into China and other silver-using
    countries, Washington, 1903.

2° *Publications diverses.*

Aupetit (A.). — Essai sur la théorie générale de la monnaie, *thèse*,
    Paris, 1901.
Arnauné (A.). — La monnaie, le crédit et le change, Paris, 1902.

Bourguin (M.). — La mesure de la valeur et la monnaie, Paris, 1896.

Bulletin de statistique et de législation comparée, année 1902, p. 811.

Cauwès (Paul).— Cours d'économie politique, 3ᵉ édition, Paris, 1893.

Cauwès, Souchon, Bourguin (sous la direction de MM.). — Questions monétaires contemporaines, Paris, 1905.

Chevalier (Michel). — Le Mexique ancien et moderne, Paris, 1864.

Conant (A.). — Principles of Money, New-York, 1005.

Cosasus (J.-D.). — La question de l'argent au Mexique, Paris, 1892.

Dubois (J.). — L'empire de l'Argent, Paris, 1905.

Economiste européen, années 1902 à 1906.

Economiste français, années 1902 à 1906.

Favre (J.). — Les changes dépréciés, Paris, 1906.

Goschen. — Théorie des changes étrangers, traduit et précédé d'une introduction par M. Léon Say, 4ᵉ édition, Paris, 1896.

Humboldt (Alexandre de). — Essai politique sur le royaume de la Nouvelle Espagne, Paris, 1811.

Lafarge (R.). — La politique monétaire des pays producteurs d'argent et les campagnes bimétallistes en Europe (Extrait des *Questions monétaires contemporaines*), Paris, 1905.

Leroy-Beaulieu (P.). — Traité théorique et pratique d'Economie politique, 3ᵉ édition, Paris, 1900.

Lévy (Raphaël-Georges). — *Revue des deux-Mondes*, année 1903.

Mexique (Le), Revue bi-mensuelle, Mexico, 1904, 1905, 1906.

Mexique au xxᵉ siècle (Le), 1905.

Mexique (Le), son évolution sociale, Mexico, 1906.

Monde économique, années 1902 à 1906.

Pallain (J.). — Des rapports entre les variations du change et les prix, *Thèse*, Paris, 1905.

Sayons (André-E.). — *Revue d'économie politique*, année 1904.

Seminario (Miguel-E.). — La cuestion monetaria en la America Española, Paris, Madrid, 1893.

Statesman's. — Year Book de 1892 à 1906.

Stephan. — Le Mexique économique, Paris, 1903.

Zayas Enriquez (R. de). — Los Estados-Unidos, Mexicanos de 1877 à 1897, New-York.

TABLE DES MATIERES

Préface 1
Introduction . . . .
Généralité sur la monnaie. — Aperçu de l'évolution monétaire dans le monde depuis cinquante ans. — Théorie d'une
réforme monétaire. — Division du sujet 3

PREMIÈRE PARTIE

Causes et effets de la Baisse de la piastre.   31

CHAPITRE PREMIER

DESCRIPTION ET HISTOIRE DU MEXIQUE

Aspect général du Mexique : son sol, son climat. — Ses produits naturels : agriculture, richesses minières. — Histoire
du Mexique : guerre de l'Indépendance, la royauté, la République. — L'intervention des Puissances. — Maximilien
empereur, sa chute. — Administration et gouvernement du
Président Porfirio Diaz 31

CHAPITRE II

LA BAISSE DE LA PIASTRE

Régime monétaire du Mexique avant la réforme : bimétallisme légal, monométallisme de fait. — La piastre en Extrême-Orient. — Baisse de la piastre, ses causes 44

CHAPITRE III

LA BAISSE DE LA PIASTRE ET L'AGRICULTURE

Effets heureux de la baisse de la piastre sur l'agriculture, la
propriété rurale et la propriété urbaine : la hausse des

prix. — Autres causes de ce phénomène. — Effets malheureux de la baisse de la piastre : cherté des transports, du
machinisme et des capitaux   57

CHAPITRE IV

LA BAISSE DE LA PIASTRE ET L'INDUSTRIE

Effets heureux de la baisse de la piastre sur l'industrie : protection et hausse des prix. — Effets malheureux : hausse
des matières premières et du matériel. — L'industrie des
chemins de fer : sa situation précaire. — L'immigration des
capitaux. — L'immigration des travailleurs   69

CHAPITRE V

EFFETS DE L'INSTABILITÉ DE LA PIASTRE

Amplitudes des oscillations. — Le commerce extérieur. — Importations et exportations. — Baisse des prix en or. —
Effets de l'instabilité sur les banques et le marché monétaire. — Effets de l'instabilité sur les finances publiques .   90

CHAPITRE VI

LA BAISSE DE L'ARGENT ET L'INDUSTRIE DE L'ARGENT AU MEXIQUE

Accroissement de la production : ses causes. — Evolution du
commerce de l'argent. — Les producteurs d'argent sont opposés à la réforme : réfutation de leurs arguments. — Coalition avec les silvermen américains pour sauver l'argent .   118

Conclusion de la première partie   138

DEUXIÈME PARTIE

La Conférence internationale de 1903 et la réforme de 1905.   141

CHAPITRE PREMIER

CONFÉRENCE INTERNATIONALE DE 1903 SUR LA STABILITÉ DES CHANGES INTERNATIONAUX

Memorandum des Gouvernements mexicain et chinois : sa
portée véritable. — Programme de la Commission interna-

— 233 —

tionale : 1° système monétaire de la Chine, 2° harmonie des
systèmes monétaires, 3° prix de l'argent. — Exposé des
vues des commissaires mexicains. — Dépenses des puissances européennes. — M. Jenks en Extrême-Orient. . .   115

CHAPITRE II

LA RÉFORME MONÉTAIRE DU 25 MARS 1905

Travaux de la Commission intérieure. — Exposé des motifs et
projet de la loi du 10 novembre 1904   178

Section I. — Dispositions essentielles de la Réforme. . . .   189

Loi du 23 novembre 1904 sur l'importation des piastres. —
Loi du 25 mars 1905 sur le nouveau régime monétaire. —
Insuffisance du procédé de la raréfaction du numéraire. —
La Commission des Changes et Monnaies et le fonds régu-
lateur. — Réglementation de la circulation fiduciaire (l. 13
mars 1905)   189

Section II. — Compensations accordées aux producteurs d'argent   20

Loi du 25 mars 1905 sur les impôts et franchises concernant
l'industrie minière. — Loi du 11 avril 1905 établissant un
service public pour la vente des barres d'argent. — Avantages qu'ont tirés de la réforme les producteurs d'argent .   208

Section III. — La circulation de l'or au Mexique   215

Emprunt de 10 millions de dollars-or à 4 0/0, son emploi. —
Hausse de l'argent. — Certificats d'or contre remise d'argent. — Opérations de la Commission des Changes et Monnaies   215

Conclusion de la deuxième partie   323

Bibliographie   229

SAINT-AMAND (CHER). — IMPRIMERIE BUSSIÈRE.

www.ingramcontent.com/pod-product-compliance
Lightning Source LLC
Chambersburg PA
CBHW071652200326
41519CB00012BA/2485